Josef Goldbrunner

BIBELKURS

Besinnungen auf die Heilsgeschichte

III

Die Zwischenzeit

Herder

Freiburg · Basel · Wien

Imprimatur. – Freiburg, den 30. Juli 1984
Der Generalvikar: Dr. Schlund
Herstellung: Freiburger Graphische Betriebe
ISBN 3-451-20243-3

Vorwort

Die drei Bände des Bibelkurses wollen einen Überblick über die Heilsgeschichte vermitteln. Dabei geht es weniger um Information – Detailwissen und punktuelles Denken sind meist vorhanden – als um eine Zusammenschau, die zum weiteren Reifen im Glauben nötig ist. Deshalb durchzieht der pastoraltheologische Ansatz – Hilfe für das Glaubenkönnen zu sein – alle drei Bände.

Der dritte Band umfaßt die Zeit von der Auferstehung Christi bis zu seiner Wiederkunft, die Zeit also zwischen all diesen Ereignissen. Er gliedert sich in drei Teile (im Inhaltsverzeichnis durch Zwischenräume sichtbar gemacht):

1. Die Grundlegung – „der Stein ist ins Wasser geworfen".
2. Die Wirkungsgeschichte des Evangeliums – 2000 Jahre aus der Vogelschau gesehen.
3. Die Prophezeiungen über das Ende der Zwischenzeit.

Für das Glaubenkönnen kristallisieren sich dabei vor allem *drei* Konsequenzen heraus:

1. Das Grundmuster aller drei Phasen der Heilsgeschichte wird deutlich: Durch Untergang hinüber in eine neue Phase; Rettung aus der Niederlage; Sieg über die gegnerischen Mächte durch „neue Erfindungen" Gottes (Inkarnation–Auferstehung–Neuschöpfung).
2. Die immer mehr quälende Frage nach dem Sinn des

ganzen Unternehmens findet ihre Antwort in der Zusammenschau der Heilsgeschichte.
3. Die Aufgabe des einzelnen bekommt ebenfalls ihren Sinn aus der Heilsgeschichte: „Bauholz" schaffen, das in den Strom der Zeit geworfen, bewahrt und fortgetragen wird für den großen Umbau bei der Neuschöpfung.

Die Methode des Vorgehens bleibt die Gleiche: Vorlagen für jede Bibelarbeit zu bieten, Kurzformeln zum Einprägen und orientierende Schemata für jede Einheit (die als vorbereitete Kopie den Teilnehmern am Beginn übergeben werden können, oder besser noch während der gemeinsamen Arbeit an der Tafel entstehen sollten).
Einem Einwand sei gleich begegnet: Entgegen dem gegenwärtigen Trend wird verhältnismäßig wenig von und über Kirche geredet, denn der Hauptakzent liegt auf dem Christenleben, seinem Glaubensbewußtsein und seinem Glaubenkönnen. Dafür betrachtet sich dieses Buch als innerhalb der Kirche geschrieben.

Inhalt

I

Die Auferstehung

Matthäus 28,1–18

1. Weltweit betreibt die Erde ihr Werk der Verwesung an den toten Leibern der Menschen, durch die Jahrtausende hindurch und auf allen Kontinenten.
Jetzt liegt der Leib des am Kreuz Gestorbenen schon den dritten Tag im Grab, in der Erde Israels. Aber beim Morgengrauen, als die Sonne aufging, da begann eine neue Zukunft. Es war, als ob der Finger des Schöpfers die Erde nochmals berührte (vgl. das Gemälde von Michelangelo in der Sixtinischen Kapelle, Gott und Adam), um das erste „Stück" der neuen Erde zu schaffen, den auferstandenen, verklärten Christus.

2. Nichts war zu sehen, und niemand hat es gesehen. Es ist jedoch möglich, nach Vorstellungen zu suchen, um das Geschehen konkret werden zu lassen.
Im dunklen Grab lag in Tüchern eingewickelt der Leichnam und plötzlich wären die Tücher in sich zusammengesunken. Der „Geist" Christi hätte sich mit dem Leib vereinigt, ihn assimiliert. Aber er muß noch eine neue Kraft gehabt haben, denn der Leib wurde verändert, er verschwand, als sei er anderen Lebensbedingungen unterworfen. Birgt das Verhältnis von Geist und Materie noch andere Möglichkeiten?

3. Nach den Berichten des Matthäusevangeliums wurden die Wächter durch eine Lichterscheinung entsetzt und konnten die Öffnung des Grabes nicht verhindern. Als sie das Grab leer fanden, flohen sie.

Die Auferstehung (Mt 28, 1–18)

Die Verwesung der toten Leiber

Der dritte Tag
Im Verborgenen

Der Finger der Schöpferkraft Gottes

Wiedervereinigung von Geist und Leib Christi

Verschwinden – Zusammensinken der Tücher

Die Öffnung des Grabes

Das Grab ist leer!

Die Frauen kamen zum Grab, fanden es geöffnet und leer. Was geschehen war, konnte sich niemand erklären. Von den verschiedenen Möglichkeiten – gestohlen, woanders hingelegt – war die eine unvorstellbar.

2

Die Realität des Auferstandenen

Matthäus 28,9–10; Lukas 24,36–43;
Johannes 20,4–18

1. Die Antwort auf die große Frage nach dem Leib des Auferstandenen geben die Berichte von den Erscheinungen Christi in den 40 Tagen bis zur Himmelfahrt. Alle, die diese Tage miterlebten, waren Zeugen eines Weltereignisses, erstmalig und unglaublich, es sei denn, der eigene Augenschein überzeugte: „Was wir mit eigenen Augen gesehen, was wir geschaut und mit Händen berührt haben" (1 Jo 1,1) – davon berichten sie.

2. Nüchterne Sinneswahrnehmungen bezeugen die Wirklichkeit des auferstandenen Jesus im Leib: „Seht meine Hände und Füße an: Ich bin es selbst. Faßt mich an und begreift: Kein Geist hat Fleisch und Knochen, wie ihr es bei mir seht. Bei diesen Worten zeigte er ihnen seine Hände und Füße. Sie staunten, konnten es aber vor Freude immer noch nicht glauben. Da sagte er zu ihnen: Habt ihr etwas zu essen hier? Sie gaben ihm ein Stück gebratenen Fisch; er nahm es und aß es vor ihren Augen" (Lk 24,36–43).
Der Auferstehungsglaube der Jünger kam vom Sehen, Hören und Berühren. Rückblickend erkannten sie, warum das Grab leer war; weil Christus im gleichen Leibe auferstand.
Sollten diese Berichte manipuliert oder nur symbolisch gemeint sein, wie viele heute wieder sagen, so steht dahinter das Vorurteil, das dürfe nicht wahr sein, weil es

nicht möglich sei. „Es ist ja auch unglaublich – Gott sei Dank ist es wahr."

3. In der Verwirrung dieser Tage soll es nicht verwundern, wenn die elf berichteten Erscheinungen durcheinandergehen. Allen ist gemeinsam, daß der Auferstandene nicht kommt und geht, sondern erscheint und verschwindet.
Wenn der verklärte Leib also real war, bedeutet dies, daß er räumlich und unräumlich existieren kann. Der Geist Jesu würde also den Leib dermaßen assimilieren, die Materie voll und ganz durchdringen, daß die Übermacht des Geistes über die Materie deutlich wird. Vor dieser Möglichkeit weichen viele aus und sprechen von einem rein geistigen Leib (im Anschluß an 1 Kor 15, 44).

4. Zwei Erfahrungen unseres Lebens mögen eine Richtung aufzeigen, in die zu denken wäre. Wenn die Physiker heute die Materie sowohl als Korpuskel wie als Wellenbewegung auffassen, so zeigt sich, daß die Geheimnisse der Materie dem Geistigen gegenüber offener sind, als je gedacht. Grund genug, zurückhaltend zu sein in der Ablehnung von Erscheinen und Verschwinden des verklärten Leibes Jesu. Und wenn nur Gläubige ihn gesehen haben, so ist das noch kein Grund von Projektionen zu sprechen. Ungläubigen zu erscheinen, würde zwingen; das aber ist gegen die freie Entscheidung zum Glauben.
In der Seelenheilkunde wird täglich die Einflußkraft der Psyche auf den Leib erfahren. Die Psyche kann den Leib krank machen und durch Psychotherapie auch wieder heilen. In der Fortsetzung dieser Erfahrung könnte man fragen, was möglich sein würde, wenn die menschliche Seele einmal in ihrer Vollkraft den Leib assimilieren wird?[1] Jetzt noch herrscht das Gesetz: Der Geist ist zwar willig, aber das Fleisch ist schwach (Mt 26, 42).

5. Als der Geist Christi von drüben zurückkam und sich mit dem Leib wiedervereinigte, wurde die Übermacht des Geistes über das Fleisch ausgespielt bis zur vollen Assimilation der Materie in den Geist – er ist der erste Mensch in diesem Zustand, nicht nur der „Erstgeborene der Schöpfung“, sondern auch der „Erstgeborene der Toten“ (Kol 1,15 und 18). Er ist der erste Mensch am Ziel, so wie Gott ihn am Beginn der Welt geplant hatte.

6. Der Auferstandene ist das „erste Stück Wirklichkeit“ vom Reiche Gottes. Wie die Kundschafter des Alten Bundes mit der Traube ein Stück Wirklichkeit des Gelobten Landes mitbrachten und die Israeliten diese sahen, berührten und kosteten, so sind die Jünger während der 40 Tage „Kundschafter des Neuen Bundes“. Sie hatten Umgang mit der vollen Wirklichkeit des neuen „gelobten Landes“, des Reiches Gottes. Das muß so faszinierend gewesen sein, daß Petrus sagte: „Wir können unmöglich schweigen über das, was wir gesehen und gehört haben“ (Apg 4,20).

Die Realität des Auferstandenen (Mt 28,9–10; Lk 24,36–42; Jo 20,4–18)

„Was wir mit eigenen Augen gesehen, was wir geschaut und mit unseren Händen berührt haben".
1 Jo 1,1

11 Erscheinungsberichte – Sinneswahrnehmungen

Erscheinen	–	räumlich
verschwinden	–	unräumlich
Geist	>	Materie

Der erste Mensch am Ziel

Christus ist der Erstgeborene der neuen Welt

Die Kundschafter des Neuen Bundes:

„Wir können unmöglich schweigen über das, was wir gehört und gesehen haben." Apg 4,20

3

Gleichgestaltet dem Sohne

Römer 8,28–29

1. Die Realität des Auferstandenen ist zukunftsweisend nicht nur für die Heilsgeschichte, als des Erstgeborenen des Reiches Gottes, sondern auch für das gegenwärtige Glaubensbewußtsein. Nach Gottes „ewigem Plan" ist das Ziel der Menschen „an Wesen und Gestalt seines Sohnes teilzuhaben, damit dieser der Erstgeborene von vielen Brüdern sei". Denn unser armseliger Leib wird verwandelt werden „in die Gestalt seines verherrlichten Leibes" (1 Kor 15,14). Diese Feststellung ist so grundlegend, daß Paulus sagt: „Wenn es keine Auferstehung der Toten gibt, ist auch Christus nicht auferweckt worden. Ist aber Christus nicht auferweckt worden, dann ist unsere Verkündigung leer und euer Glaube sinnlos" (1 Kor 15,13–14). Die Auferstehung im Fleisch ist also Angelpunkt, Drehpunkt der Heilsgeschichte und des christlichen Glaubens. Nicht Vergeistigung, sondern Verleiblichung ist das Ende der Wege Gottes[2].

2. Ist es möglich, sich hier einzuleben, so daß die Zukunft, die Auferstehung des Leibes, im Glaubensbewußtsein jetzt wirksam würde? Gibt es Erfahrungen, die es uns ermöglichen, für die Umgestaltung unseres Leibes wenigstens eine Richtung anzuzeigen?
Vergleichen wir zwei Gesichter. Ein gelangweilter Mensch, ohne Ziel und Pläne – ausdrucksloses Fleisch. Daneben aber das Gesicht eines Menschen, aus dem Freude herausstrahlt! Wie ist es möglich, daß Freude, et-

was Geistiges, die Gesichtshaut eines Menschen so durchdringt, assimiliert und Freude „Fleisch“ wird und sich inkarniert? Wenn nun – so lautet der Vergleich – die menschliche Psyche ihre Assimilationskraft voll ausspielen könnte, dann wäre eine Richtung angezeigt, die weiterpunktiert dahin weisen würde, in der Auferstehung des Leibes zu suchen wäre.

3. Die Jünger reagierten zunächst immer mit Angst und Schrecken, sobald Christus in seinem Auferstehungsleib erschien. Aber man könnte sich denken, als sie Zutrauen faßten, daß sie die nächste Erscheinung herbeisehnten, weil es so wunderbar sei, einer solchen Menschengestalt zu begegnen. Immerhin heißt es, „sie staunten und konnten es vor Freude immer noch nicht glauben“ (Lk 24,4). Und Maria Magdalena umarmte seine Füße, so daß er sagen mußte: „Halte mich nicht fest“ (Jo 20,27). Was muß sie dabei empfunden haben? Die Kundschafter des neuen Bundes konnten darüber nicht mehr schweigen, die Erfahrung mit dem Ziel der Heilsgeschichte muß faszinierend gewesen sein.
Unser Glaube aber kommt vom Hören auf diese Zeugen der 40 Tage.

Gleichgestaltet dem Sohne (Röm 8,28–29)

Der Erstgeborene – gleichgestaltet – Nachgeborene

Die Umgestaltung des Leibes
Assimilation — Inkarnation

Die Freude der Zeugen –
ihr Glaube kommt vom Sehen.

Unser Glaube kommt vom
Hören.

Nicht Vergeistigung,
sondern Verleiblichung
ist das Ziel der Wege
Gottes!

4
Die Himmelfahrt

Lukas 24,50–51; Markus 16,19; Apostelgeschichte 1,9–11

1. Wenn Christus bei seiner Auferstehung aus dem Grabe verschwand, ist das nur so zu verstehen, daß er durch die Zeitmauer und durch die Raummauer hinüberging zu seinem Vater in den zeit- und raumlosen „Wohnort" Gottes, den wir Himmel nennen. Dort nahm er die himmlische Machtstellung ein, er wurde erhöht, im Bild gesprochen, er „setzte sich zur Rechten Gottes". Seitdem gilt: „Mir ist alle Macht gegeben im Himmel und auf Erden".
Wenn Christus den Jüngern wieder erschien, kam er von drüben herüber, herein in Raum und Zeit als der „Erhöhte". Die Schwelle zwischen drüben und herüben, die Todeszone zwischen Gott und uns ist begehbar geworden. Lukas berichtet, daß dies 40 Tage hindurch geschah. „Vierzig Tage hindurch ist er ihnen erschienen" (Apg 1,3).

2. Dann aber fand eine Erscheinung einen Abschluß, die zeigte, daß es die letzte sein sollte. Dies wird beschrieben in Bildern, die gewiß symbolisch verstanden werden müssen (denn heute sind schon viele Menschen mit dem Flugzeug durch eine Wolke geflogen). Aber eine konkrete Vorstellung muß deshalb keineswegs falsch werden, sofern sie offen bleibt für die symbolische Deutung.
Emporschweben, hinauf – in der Dimension oben suchen wir immer noch Gott: leicht, weit, fern, licht wie

das Firmament; unten die Erde, schwer, begrenzt, dunkel; so empfinden wir immer noch unwillkürlich. Eine leuchtende dahinsegelnde Sommerwolke ist Licht und Verhüllung zugleich; sie ist das „Gefährt Gottes". Dahinein wird Jesus entrückt. Ja, man kann noch weitergehen und sich vorstellen, in der Wolke sei eine unsichtbare Tür hinaus aus Zeit und Raum – hinüber. So gesehen, werden konkrete Vorstellungen eine Hilfe für den Glauben, die man nicht in rationalistischem und sinnenfeindlichem Eifer zerstören sollte.

3. Das war der Abschied. Die seligen ungefähr 37 Jahre, in denen Gott in Person auf Erden wohnte, sind zu Ende. Ein neuer Abschnitt der Heilsgeschichte beginnt, der zu Ende gehen wird mit dem angekündigten Wiederkommen am Jüngsten Tage. Zwischen diesen zwei Tagen, Himmelfahrt und Wiederkunft, liegt die Zwischenzeit (= tempus medium, nach Augustinus). Sie ist die letzte Phase der Heilsgeschichte vor der Erfüllung aller Verheißungen. Heilsgeschichte, aber auch Unheilsgeschichte finden dann ihren Abschluß mit dem Durchbruch des Reiches Gottes.

4. Christus ist nicht mehr da. Die Beziehung zu ihm ist wie „mit einem Manne, der sein Haus verließ um auf Reisen zu gehen. Er übertrug alle Verantwortung seinen Dienern, jedem eine bestimmte Aufgabe" (Mk 13,34). Sie konnten ihn nicht mehr fragen, aber sie kannten seine Gedanken und Absichten und sollten diese mit Phantasie und Verantwortung weiterführen.
Für den Christen ist „der Herr" auch abgereist. Insofern er ihn aus den heiligen Schriften kennt, vermag er mit schöpferischer Phantasie die Verantwortung für die übertragenen Aufgaben übernehmen.

Die Himmelfahrt
(Lk 24,50–51; Mk 16,19; Apg 1,9–11)

Hinüber – Auferstehung – „zur Rechten Gottes"

Herüber – Erscheinungen – 40 Tage

„Empor" – endgültig hinüber

„Wolke" – Licht und Verhüllung

Himmelfahrt ⟶ Wiederkunft

Zwischenzeit

Der Herr ist abgereist!

5

Pfingsten

Apostelgeschichte 2, 1–4

1. Die Jünger wurden mit einer schweren Aufgabe zurückgelassen: „Geht hinaus in die ganze Welt, und verkündet das Evangelium allen Geschöpfen" (Mk 16, 15). Dazu aber sollten sie nicht schutz- und hilflos „wie Waisen" (Jo 14, 18) bleiben, sondern einen „Beistand" (Jo 14, 26) bekommen, eine „Kraft aus der Höhe" (Lk 24, 49), die sie „alles lehren und an alles erinnern" wird (Jo 14, 26). Das geschah am 50. Tag nach Ostern, beim Pfingstfest, als das Volk Israel noch den Bund vom Sinai im Erntedankfest feierte.

2. Es war ein kosmisches, ein kirchliches und ein personales Ereignis. – Es geschah wie eine geistige Explosion vom Himmel her, empfunden „wie wenn ein heftiger Sturm daherfährt". Das „ganze Haus" wurde erfüllt, und es war auch außerhalb zu hören, „als sich das Getöse erhob". Christus sandte die verheißene Gabe: „Der Geist des Herrn erfüllt den Erdkreis" (Weish 1, 7) – über Jerusalem hinaus, hinein in die Atmosphäre der ganzen Welt, hinein in den Äther des Universums. Der Geist Christi erfüllt den Kosmos.

3. Was bedeutet das? Christus ist auf neue Weise gegenwärtig, geistig, unsichtbar, wie „Wind" (Jo 3, 8), mit allen geheimnisvollen Kräften des Erlösers der Welt. Die Beschränkung auf seine irdische Begrenzung ist zerbrochen, wie damals das Alabastergefäß, und „das ganze

Haus wurde mit dem Duft des Öles erfüllt" (Jo 12, 3). Der Geist Christi erfüllt seitdem das ganze Weltenhaus – überall kann man ihn „einatmen". (Beten ist das Atmen der Seele, hat einer gesagt.)

4. Die Verbindung zu Christus ist jetzt offen und die Beziehung zu Gott ist darum auf neue Weise geformt – durch Christus:

- *überall* – nicht mehr nur im Tempel von Jerusalem;
- *jederzeit* – nicht mehr nur einmal im Jahr an Ostern;
- *für jedermann* – nicht mehr nur für den Hohenpriester.

Das ist eine neue religiöse „Geographie"! Eine Kettenreaktion wird die Folge sein.

Pfingsten (Apg 2, 1–4)

Der Auftrag – der Beistand – die Kraft aus der Höhe – am 50. Tag nach Ostern

Das kosmische Ereignis:

„Der Geist des Herrn erfüllt den Erdkreis"

Der neue Zugang zu Gott durch Christus – im Geiste:

überall
jederzeit
jedermann

Die neue religiöse „Geographie"

Der Geist des Herrn
erfüllt das ganze Weltenhaus

6

Die Gründung der Kirche

Apostelgeschichte 2,5–36

1. Pfingsten war auch ein kirchliches Ereignis. Die im Saal Anwesenden gerieten in Ekstase. Die Aufregungen der letzten Zeit, die Erlebnisse des Todes und der Auferstehung Christi, die Erwartung der „Kraft aus der Höhe", all das zusammen mag in dieser Gruppe eine erregbare Atmosphäre geschaffen haben. Dazu kam jetzt die erste Berührung mit dem neuen Kraftfeld des Heiligen Geistes. Es war, wie wenn plötzlich ein Schleier hinweggezogen würde, und die Landschaft des Geschehenen konnte in neuem Licht geschaut werden. Erleuchtung, Licht erlebten sie und beschrieben das wie kleine, feurige Flammen, die in sie eintauchten und veränderten. Sie wurden in die neue Dimension des Glaubens erhoben.

2. Sie kamen außer sich in Freude, Jubel, Einsicht und Taumel und redeten, wie wenn eine fremde Macht es ihnen eingäbe. Petrus aber trat mutig hinaus und verkündete, daß das ganze Haus Israels erkennen möge, Gott habe diesen Jesus zum „Herrn und Messias gemacht".

3. Was war geschehen? Man kann annehmen, daß ungefähr 120 Leute im Saal versammelt waren: Petrus, die Apostel, die Jünger und Maria – eine Gruppe, die plötzlich aktiv wurde. Eine neue Gemeinschaft hatte sich nach außen hin geöffnet und begann zu wirken – die Kirche. Es ist, wie wenn diese Gruppe, der Leib der Kirche, seine „Seele" oder seine Lebenskraft erhalten hätte, wie Adam im Paradies, als ihm Gott den Lebensodem einhauchte. Am Pfingsttag erfüllte Christus seine Kirche mit Leben (Pfingstpräfation). Das Zentrum einer neuen

Die Gründung der Kirche (Apg 2, 5–36)

Die Ekstase
in Freude – Jubel – Einsicht

Die neue Dimension des Glaubens

Petrus: Israel erkenne, daß Jesus von Gott zum Herrn
und Messias gemacht wurde.

120 – Petrus – Apostel – Jünger – Maria

Der Leib der Kirche

die Seele – der heilige Geist

Die neue Gemeinschaft – Bewegung
Das Zentrum ——— die Kirche

Die Kirche ist ein Brückenkopf
der Zukunft

Bewegung, die Kirche, wird die Zwischenzeit durchwirken bis zum Jüngsten Tag. Sie ist wie ein Brückenkopf einer anderen Welt. Der Neue Bund beginnt zu leben. Seine Mitglieder werden seine Zeugen sein „bis an die Grenzen der Erde" (Apg 1, 8).

7

Das christliche Weltamt

Matthäus 13, 33

1. So explosionsartig der heilige Geist am Pfingsttag begann, nach dem festlichen Beginn änderte sich seine Wirksamkeit. Zum Verständnis hilft der Vergleich mit dem Duft, der die Luft durchdringt, aber nach zwei bis drei Atemzügen nicht mehr verspürt wird, der aber doch noch da ist. Der Heilige Geist hat ja auch keinen eigenen Inhalt, sondern er „nimmt von dem, was mein ist" und was „meines Vaters" ist (Jo 16, 15), d. h. er dient und verbindet beide. Er ist der Geist der Liebe. Er wirkt auf das Herz ein, auf den Personkern, er ist personal. Pfingsten ist auch ein personales Ereignis.

2. Der Gottesgeist versucht uns zu beeinflussen, nicht materiell, physisch, sondern geistig. Er will das Herz so bewegen, daß in ihm die Neigung erwacht, eine Sympathie aufsteigt, an das Evangelium zu glauben, mitzuhelfen, daß es verbreitet wird, Gutes zu tun und so zu handeln, daß sich Gerechtigkeit durchsetzt. Der Geist wirbt um Sympathie für den Heilsplan Gottes. Aber Neigung und Sympathie zwingen nicht, das Herz müßte freiwillig mittun. Das ist jedesmal ein Appell an die freie Entscheidungsfähigkeit des Herzens. Es bittet um die Hilfe des Geistes: „Atme in mir, du Heiliger Geist, daß ich Heiliges denke! – Treibe mich, du Heiliger Geist, daß ich Heiliges tue" (Augustinus).

3. Wie soll sich diese schwache, unberechenbare und doch wieder unzerstörbare Glaubenskraft in die weite Welt hinein auswirken?

Im Evangelium ist dieses Unternehmen in Gleichnisse übersetzt. Die Christen sollen sein wie „Sauerteig" für das Ganze, sie sollen wie „Salz" für die Erdenvölker wirken. Ein kleines Stück Sauerteig, eine Prise Salz dringen verändernd in eine Menge Teig ein – so soll die Minderheit der Christen mit dem Evangelium und durch ihre Lebensweise ihre Umgebung beeinflussen.
Das geschieht direkt durch Wort und Beispiel, indirekt durch Ausstrahlung ihrer Lebensweise. Das ist das christliche Weltamt, wozu das Sakrament der Firmung die Stärkung durch den Heiligen Geist vermittelt. Wie mit Sauerteig und Salz soll der Weltlauf durchwirkt werden, bis zum Kommen des Reiches Gottes. Eine Denkbewegung soll entspringen und ein Lebensstrom sich in die Welt hinein ergießen.

4. Welchen Erfolg wird ein solches Unternehmen haben? Die Schwierigkeiten begannen schon mit der ersten Christengeneration, von außen und von innen. Trotzdem gilt für alle Generationen das Wort des Evangeliums: „Habt Salz in euch" (Mk 9, 50).

Das christliche Weltamt (Mt 13, 33)

Der festliche Beginn ⟶ Erweckung von Zuneigung und Sympathie

⟶ Appell an die freie Zustimmung

„Atme in mir du hl. Geist, daß ich Heiliges denke.
Treibe mich du hl. Geist, daß ich Heiliges tue“

Augustinus

Verkündigung ———— christliche Lebensweise

Denkbewegung
Lebensstrom

Sauerteig und Salz

Durchwirkung des Weltlaufes mit dem Evangelium

Firmung ist Stärkung für das christliche Weltamt

„Habt Salz in euch!“
Mk 9, 50

8

Die christliche Mysterienfeier

1 Korinther 11, 23–26

1. Das Wort Mysterienfeier war in den ersten vier Jahrhunderten in der Christenheit verboten, um jede Verwechslung mit den heidnischen Kulten zu unterbinden. Erst als diese keine Konkurrenz mehr bedeuteten, wurde der Begriff Mysterium gebraucht, zuerst für das Ganze der Glaubensgeheimnisse und später für die Sakramente, besonders für die Eucharistiefeier. Und doch lag in den heidnischen Mysterien eine Ahnung davon, wie man mit den „Göttern" in Berührung kommen könnte und göttlicher Kräfte teilhaftig werde. Diese Ahnung wurde von Christus bestätigt.

2. Zwischen den Göttern und den Menschen stehe eine trennende Todeszone. Um mit ihnen in Kontakt zu kommen, müsse man sich in die Nähe dieser Todeszone bringen. Das geschah durch verschiedenste Ritualien wie Schmerzzufügung (archaische Initiationsriten), durch orgiastische Spiele (Dionysus-Kult). Die sublimsten Riten waren die griechischen Tragödienspiele, wobei man sich mit dem Helden identifizierte und seinen Tod miterlitt. Geläutert verließ man das Theater. Gewiß wurden jedesmal echte religiöse Gefühle erlebt, von Ekstase bis zur frommen Verehrung der Unsichtbaren. Aber allen diesen Riten gelang es nicht, die Todeszone zu durchbrechen. Die heidnischen Mysterienfeiern blieben innerweltlich verhaftet. Die religiösen Erlebnisse sind heute erklärbar als Äußerungen des Unbewußten,

dessen religiöse Schicht durch die oft grausamen und auch unsauberen Riten aktiviert wurde. Geblieben ist die Ahnung von der trennenden Todeszone.

3. Christus aber hatte in seinem Kreuzestod die Todeszone durchbrochen, geöffnet, durchlässig und begehbar gemacht. Sooft ihr „von diesem Brot eßt, verkündet ihr den Tod des Herrn". Durch sein Leiden wurden stellvertretend ein für allemal die Riten überflüssig gemacht, so daß die christliche Mysterienfeier in der Gestalt der Eucharistiefeier festlich begangen werden kann.

4. Hinüber dringen unsere Gebete, Gedanken, Empfindungen des Dankes, der Verehrung und der Liebe. Herüber kommt die Kraft Christi, indem er die Gaben Brot und Wein ergreift und verwandelt – durch die Todeszone hindurch; d. h., am Altar sind die „schaudererregenden Geheimnisse Christi" gegenwärtig (Augustinus). Kindern sagt man, über dem Altar ist der Himmel offen. Die Gläubigen erfahren, daß ihre Mysterienfeier die geheime Öffnung der Welt ist – konkurrenzlos.

Die christliche Mysterienfeier
(1 Kor 11,23–26)

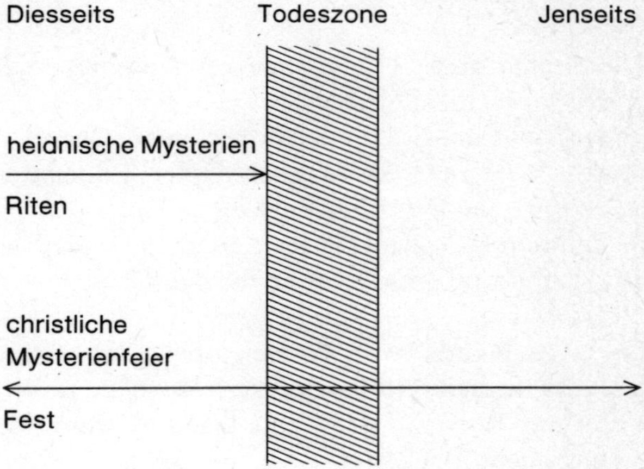

Die schaudererregenden Geheimnisse Christi
auf dem Altar Augustinus

„Sooft ihr dieses Brot eßt, verkündet ihr den
Tod des Herrn."

Mysterienfeier – die geheime Öffnung der Welt.

9
Die Eucharistiefeier

Johannes 6,51–66

1. Die *Gestalt* dieser Feier ist ein gemeinsames Mahl: „Tut dies zu meinem Gedächtnis".
In seinem *Vollzug* wird die Kraft des Opfers Christi gegenwärtig. Insofern ist das Mahl ein Opfer, Teilhabe am Opfer Christi, die Verkündigung seines Todes.
Die *Funktion* ist Danksagung (griechisch „euchari-stein"), Verehrung und Nahrung für den Glauben.

2. Die „Rätselworte"[3] oder Weiheworte – „das ist mein Leib ... das ist mein Blut" – drücken eine neue Realität von Brot und Wein aus. Über ihre Deutung wurde von Anfang bis heute spekuliert:
– Die gleiche Speise verbinde die Versammelten untereinander und mit dem mystischen Leib Christi. „Ein Brot ist es. Darum sind wir viele ein Leib" (1 Kor 10,17).
– Wie Blumen als Geschenk eine neue Bedeutung erhalten, so gehen in Brot und Wein unsere Gesinnung und die Zuwendung Christi ein. Durch diese personale Beziehung würden die Gaben ihre Erhöhung erhalten.
– Christi Wohlwollen verdichte sich beim Essen und Trinken, so wie die Mutter ihre guten Wünsche den fernen Kindern zusendet und sie gleichsam darin einhüllt.
All das mag zutreffen und abwechslungsweise in der Frömmigkeit realisiert werden. Aber geschieht nicht noch mehr? Christus hat ja gesagt: „Mein Fleisch – mein Blut". Leib und Blut zusammen bedeuten die Person, seine Person. Gibt es also noch eine höhere Realität im

verwandelten Brot und Wein? Das würde über alle oben genannten menschlichen Möglichkeiten hinausgehen, und damit müßten wir göttliches Wirken zulassen: Direkter Kontakt Christi in den Gaben, so daß er da ist mit seinem Geist, er selbst.

3. Dann ist im christlichen Mysterium der Eucharistiefeier nicht nur direkte Berührung Christi mit der Materie von Brot und Wein möglich, sondern beim Essen und Trinken auch direkter Kontakt der Gläubigen mit Christus: Der Mittelpunkt des Christenlebens – intensivierte und vertiefte Begegnung mit ihm – immer gegebene Nahrung und Stärkung für den Glauben.

4. Das ist nicht vorstellbar und alle Deutungsversuche sind ein Herantasten an das Glaubensgeheimnis. Allen, die davor ausweichen, gilt das Wort: „Wollt auch ihr weggehen?" (Jo 6, 67). Die Gläubigen aber erfahren, was das schöne Gebet zusammenfassend sagt:

> Sei gegrüßt, mein frommes Brot,
> wirke nun dein heilig Wunder.
> Steig in meinen Leib hinunter.
> Brich aus in meinem Geist,
> daß er Gott erkennt und preist.

Die Eucharistiefeier (Jo 6, 51–66)

Gestalt ———————— Mahl

Vollzug ———————— Gegenwärtigsetzung der Opferkraft

Funktion ———————— Danksagung
Verehrung
Nahrung

Verwandlung

Brot und Wein ——→ Mein Fleisch – mein Blut

Christi Person
Er selbst

Berührung Christi mit der Materie
Direkter Kontakt mit Christus

Sei gegrüßt mein frommes Brot,
wirke nun dein heilig Wunder.
Steig in meinen Leib hinunter,
brich aus in meinem Geist,
daß er Gott erkennt und preist!

10

Die christliche Gemeinde

Apostelgeschichte 2,42–47

1. Der Stein ist ins Wasser geworfen und bildet Ring um Ring durch die Jahrhunderte, bis auf den heutigen Tag. Es ging an mit der Pfingstgemeinde; sie „gewann täglich neue dazu", nicht nur in Jerusalem, auch in ganz Israel und durch die Mission im römischen Reich. Überall formten sich Gruppen von Christen, die zusammenkamen zum Gebet, zur Eucharistiefeier (= „Brotbrechen") und zu gegenseitiger Hilfe. Ganze Länder überzog ein Geflecht von christlichen Gemeinschaften, verdorrte wieder, neue Länder wurden erfaßt. Und wenn man heute von einem Raumschiff aus die Erde beobachten würde und jedesmal, wenn eine Gemeinde Eucharistie feiert, ein Licht aufleuchtete – dann würde man bei der Drehung des Erdballes rundherum mit verschiedener Dichte ein Lichterspiel sehen.

2. Und trotzdem sind die Christen eine Minderheit, so daß die Gemeinden sich in ihrer Umwelt einrichten mußten. Die wechselnde Reaktion der Umgebung ließ die Intensität des Zusammenlebens in den Gemeinden wachsen und wieder abnehmen. Es gibt Gemeinden als geschlossene Gemeinschaft, fast autark in religiöser, geistiger und sogar ökonomischer Hinsicht, bis hin zur „alternativen Kontrastgesellschaft". Andere Gemeinden leben als Dienst- und Verwaltungseinheit, mit einem lockeren Zusammengehörigkeitsgefühl beim sonntäglichen Kirchgang. Und dazwischen gibt es alle Intensitätsgrade.

3. Alle diese Gemeinden sind miteinander verbunden wie in einem großen Organismus. So bildete sich die Kirche von unten. Von oben her gewann sie durch alle Verkündiger des Evangeliums, angefangen von den Aposteln bis hin zu den Bischöfen und deren Mitarbeitern, die Struktur, wie sie von Christus geformt und schon in der Pfingstgemeinde sichtbar war. Der historische Entwicklungsprozeß und die von Christus eingesetzte Struktur verschmolzen in eins. Was dem Petrus aufgetragen wurde, kristallisierte sich im Papsttum als Fels und Zeichen der Einheit aus.

4. Der natürliche Ansatz einer Gemeinde ist örtliche, gemeinsame Heimat. Heimatgeben in religiöser Hinsicht (mit allem, was dazu gehört: Katechese, Gottesdienst, caritative Sorge) – ist erste Aufgabe der Pfarrei. Ob dazu noch kulturelle und ökonomische Heimat sich ausbildet, sog. social life, hängt vom Format der Mitglieder und äußeren Umständen ab. Um diese Urform der Gemeinden herum entwickelten sich bei zunehmender Verstädterung freie Gemeinschaften, wie Personalpfarreien usw., die zweigen, daß das Prinzip Ortspfarrei nicht die einzige Form der Entfaltung des Missionsauftrages ist[4].

5. Gemeinde lebt nicht aus den Kräften dieser Welt, aber sie lebt in dieser Welt. Sie ist Heimat, Oase, Zisterne, Tankstelle, Caritasstation. Ihre außergewöhnliche Art aber wird deutlich, wenn man sie vergleicht mit einem Haus ohne Außenwände. Oft weiß man gar nicht, wer alles durch das Haus geht. Nur im Zentrum sind einige Zellen gebaut für den Kern der Mitarbeitenden. Das ganze Haus sollte die attraktive, werbende Atmosphäre eines Hauses Gottes durchwehen.

Die christliche Gemeinde (Apg 2, 42–47)

Die Gemeinschaft der Pfingstgemeinde

neue Gruppen

Gebet — Brotbrechen — in Not

Das Geflecht von Gemeinden auf der Erde – die Kirche

Wachstum von unten ———— Struktur von oben

Intensitätsgrade der Gemeinden von — geschlossene Gesellschaft – autark

bis — Dienst- und Verwaltungseinheit mit lockerer Sonntagsbindung

Heimat – Oase – Zisterne – Tankstelle – Caritasstation

Gemeinde ———— das Haus ohne Außenwände

11

Vom Leben der Gemeinde

Römer 14,1–23

1. In den Paulusbriefen ist viel von Schwierigkeiten im Leben der ersten Gemeinden zu lesen. Seine Ermahnungen geben Hinweise für Grundfragen im Gemeindeleben. Zwei seien herausgegriffen.

2. In der Gemeinde gibt es „Starke" im Gewissen, Mündige, Reife; und „Schwache" im Gewissen, Unmündige, Unreife. Ihr verschiedenes Verhalten verursacht Unfrieden. Paulus steht eindeutig auf Seiten der Starken: Sie sollen nur ihre Überzeugung vor Gott behalten! Ihre Freiheit soll nicht von der Enge der Schwachen gerichtet werden (1 Kor 10,29).
Aber er legt ihnen wie eine Last die Verantwortung für die Schwachen auf. Denn deren Schwachheit hängt mit ihrem Gewissen zusammen, also mit ihrer Gottesbeziehung und die darf nicht mit groben Händen berührt, d. h. überfordert werden, so daß sie Ärgernis nehmen. Sie können – religiös – nur „Milch" vertragen, aber keine „feste Speise" (1 Kor 3,2).

3. Aus dauernder Rücksicht könnte jedoch so etwas wie eine Diktatur der Schwachen entstehen. Paulus hat nicht besprochen, wie die Schwachen gestärkt werden könnten, wie ihr Gewissen aus der Enge in die Freiheit geführt werden könnte. Das aber ist eine grundsätzliche Frage religiöser Führung; sie hat mit Gewissensbildung zu tun[5].

4. Mit derselben Rücksicht sollte ein anderer Unterschied im Gemeindeleben beurteilt werden, der heute sich mehr und mehr in den Vordergrund schiebt: Die Engagierten, die zum Kern gehören, und die Distanzierten, die am Rande stehen oder gar außerhalb. Sie alle leben im Strahlbereich des Altares. Ihre Verschiedenheit ist verursacht durch Glaubensentwicklung, durch Glaubenkönnen und Glaubenwollen.
Der Ausdruck religiösen Lebens, z.B. zwischen 30 und 40, ist meist nicht so sehr das Engagement in der Pfarrei, sondern der Aufbau der Familie und des Berufes, also das Werk an der Schöpfung.
Vom Glaubenkönnen muß unterschieden werden das Glaubenwollen, denn „nicht alle nehmen den Glauben an" (2 Thess 3,2). Mehr oder minder bewußter Unglaube bis hin zur Immunität gegen das Evangelium gehört heute zur Beurteilung der Situation. Gegen den Sog der Vermassung und das geistige Klima der Zeit gläubig zu sein und zu bleiben, verlangt Eigenständigkeit. Das schier „Unglaubliche" des Christentums tritt gegenüber dem brutalen Andrang der äußeren Realität immer schärfer hervor. Beide Aufgaben, Gewissensbildung und Glaubensentwicklung, können nur in Güte und „ärztlicher Behutsamkeit" angegangen werden. Sie sind ein Kennzeichen echter Seelsorge.

5. Eine Gemeinde müßte die Situation klar sehen und beurteilen; nicht verurteilen, sondern positiv als Aufruf annehmen und wie ein Magnet in die Umgebung hineinwirken: anziehend durch das Gemeinschaftsleben, einladend durch das Wort und attraktiv durch den Gottesdienst. Das wäre die geheime Antwort auf das mehr oder minder bewußte Suchen der Menschen. Ihre Erfahrung mit der Kirche könnte dann lauten: „Du allein suchtest meine Seele" (G. von le Fort).

Vom Leben der Gemeinde (Röm 14, 1–23)

1. Starke — Schwache
   Mündige — Unmündige
   Reife — Unreife

im Gewissen

Bestätigung → die Verantwortung → die Last

↓

religiöse Führung
Gewissensbildung

2. Engagierte – Distanzierte – Ungläubige

Glaubensentwicklung – Glaubenkönnen – Glaubenwollen

Der Magnet

Gemeindeleben — Gottesdienst — Wort

„Du allein suchtest meine Seele"

12

Die Reaktion der Welt

Apostelgeschichte 17,16–34

1. Als Paulus in Athen in das damalige Zentrum der Kultur eindrang und die Botschaft vom Kommen des „Unbekannten Gottes" und seiner Auferstehung verkündete, reagierten die Zuhörer mit Spott und Unglaube. Nur eine kleine Gruppe von Männern und Frauen schlossen sich ihm an.
Am Unglauben der Athener sind typische, immer wiederkehrende Denkweisen abzulesen.

2. Auferstehung – wenn überhaupt möglich – ist das nötig? Die Verbindung von Geist und Materie scheint doch natürlicherweise auf Auflösung hinzudrängen, sie ziele auf reine Vergeistigung hin. Ihre Zweiheit sei durch eine negative, feindselige Beziehung charakterisiert, ihre Dualität sei als Dualismus geformt! Dem entspricht nicht nur ein weit verbreitetes unreflektiertes Empfinden, sondern auch die Erfahrung mit der bedrückenden materiellen Welt, wie Krankheit, Verfall und Tod des Leibes.
Der Angelpunkt des Christentums aber ist „Auferstehung des Fleisches". Die Dualität von Materie und Geist, von Leib und Seele ist nicht auf Dualismus, sondern auf Verschmelzung, auf Synthese hin geschaffen, auf zunehmende „Inkarnation"[6]. Welches Umdenken ist hier gefordert?

3. Die vielen Götzenbilder in Athen, über die Paulus so zornig wurde, drücken die religiöse Veranlagung der

Griechen aus. Paulus nennt sie besonders fromme Menschen. Das ging soweit, daß sie – um ja nichts zu übersehen – einen Altar für „einen unbekannten Gott" errichteten. Ihre Religiosität war nicht nur lebendig, sondern sie wucherte im Übermaß, wie in vielen vorchristlichen Religionen der Völker – als Naturreligion.
Die Offenbarungsreligion des Christentums zerstört jedoch nicht die natürlichen religiösen Äußerungen der menschlichen Natur (wie es eine frühe Missionspraxis versuchte), sondern sie nimmt sie in Dienst, indem sie durch eine Konfrontation mit dem geoffenbarten Gott, „der nicht in Tempeln wohnt und keine Bedienung von Menschen braucht", zum Umdenken und Umformen führt – zum Konvertieren. Dagegen wehrt sich die natürliche religiöse Anlage als Naturreligion.

4. Im Hintergrund spielt das Verhältnis zwischen Schöpfung und Erlösung mit, zwischen Schöpfungsordnung (und was die Menschen daraus gemacht haben) und Erlösungsordnung. Beide sind sich nicht gegenseitig feindlich, durch Ablehnung der verdorbenen und sündhaften Natur, sondern sie sind aufeinander zugeordnet; aber wieder nicht mit harmlos nahtloser Überführung des Kreatürlichen in das Christliche. Ihre Zusammenführung löst vielmehr einen Prozeß aus, den man der physikalischen Erscheinung der „Brechung" vergleichen kann (wie ein Stab ins Wasser getaucht). Die Verchristlichung, das Umdenken, die Konversion verändert das Geschöpfliche, zerstört es nicht, sondern erhöht es[7].
Welche Zukunftschancen wird die Bewegung des Christentums in der Welt haben? Welche Aussichten werden der Kirche in den kommenden Zeiten zukommen? Wird ihre Erfolgschance auch 3 : 1 sein?[8]

Die Reaktion der Welt (Apg 17,16–34)

Paulus in Athen

1. Auferstehung des Fleisches — Unglaube

↓

Vergeistigung

Dualität — Materie und Geist — Leib und Seele

↓ Dualismus heidnisch

→ Synthese christlich

2. Die vielen Götterbilder — natürliche Religiosität Wucherung

Schöpfungsordnung ⟷ Erlösungsordnung

?

1. Sündhaft – zerstören

2. nahtlose Überführung – Verharmlosung

3. „Brechung“ Umdenken Konvertieren

Christ werden:
1. Der Widerspruch unserer Natur
2. Das Konvertieren unserer Natur

13

2000 Jahre Wirkungsgeschichte des Evangeliums

Matthäus 28,19–20; Markus 13,10

1. Seitdem sind fast 2000 Jahre vergangen. Wenn diese Zeit – Antike, Mittelalter, Neuzeit, Industriezeitalter, nachchristliche Zeit – aus der Vogelschau und mit einem Zeitraffer überblickt werden könnte, und ein entsprechend großmaschiger Filter (mit allen Vor- und Nachteilen) eingebaut wäre, so müßten sich entscheidende Ereignisse zusammenstellen lassen, die wie hohe Berge aus dem Talnebel herausragen. Dann müßte sich auch mit Plus und Minus eine ungefähre Bilanz zeigen. Die Leitlinie dabei soll die heilsgeschichtliche Frage nach der Wirkungsgeschichte des Evangeliums während dieser Zeit sein. Als Ergebnis könnte sich eine Bestandsaufnahme für eine realistische Zukunftsschau der Christenheit erkennen lassen.

2. Dieser Gang durch die 2000 Jahre sucht zunächst die äußere Ausbreitung des Christentums zu zeigen. Dann soll der Zeitraffer die politische, die soziale, die sittliche, die kulturelle und die religiöse Auswirkung des Evangeliums in typischen Beispielen wie in einem Kurzfilm aufleuchten lassen. Gewiß bilden alle diese Lebensbereiche ein Ganzes und stehen zueinander in Wechselwirkung, trotzdem zeigt jeder ein deutliches Gesicht.

3. Die Ausbreitung des Christentums begann, als vor der Zerstörung Jerusalems die Christen die Stadt verließen und sich in die umliegenden Länder des antiken

Mittelmeerraumes verbreiteten. Das Licht wurde von Jerusalem weggenommen, und Rom beginnt als neues Zentrum der Christenheit zu wirken. Die Mission nach dem Osten war in politischen Zwiespalt zwischen Rom und Byzanz hineingezogen. Das Ende war das offene Schisma (1054). Die Ostkirche ging ihre eigenen Wege weiter – von Byzanz bis nach Moskau. „Die Ost-West-Achse in der Geburtswelt des christlichen Glaubens war zerbrochen."[9]
Im Gefolge der germanischen Völkerwanderung trat die Nord-Süd-Achse für die Mission in den Vordergrund. Aber auch hier war der Spaltpilz in der Reformation tätig (1517).
Im Zeitalter der Entdeckungen im 16. Jahrhundert griff die Mission aus in die neuentdeckten Länder, leider oder notwendig verbunden mit der Kolonialisierung. Die Entwicklung ging – mit einem Höhepunkt in der afrikanischen Mission im 19. Jahrhundert – soweit, daß heute festgestellt werden kann: Das Evangelium ist allen Völkern verkündet! Ein Zeichen dafür wäre das Mikrophon in den Vereinten Nationen in New York, vor dem der Papst bei seinem Besuch bei den UN gesprochen hatte. Zur gleichen Zeit konnte man ihn rund um den ganzen Erdball sehen und hören. Geographisch ist ein Anzeichen für die Wiederkunft Christi erfüllt: „Geht hinaus in alle Welt, und verkündet das Evangelium" (Mk 16,15).

4. Daß die Arbeit der Mission im einzelnen weitergeht und sich vor allem auf die Vertiefung des Christlichen in den Völkern richtet, steht damit nicht in Widerspruch. Weltweit aber ist die Tatsache festzustellen: „Zuerst muß das Evangelium allen Völkern verkündet werden" – das ist erfüllt. Bedenkenswert ist, daß in das Meßbuch des II. Vatikanischen Konzils das Thema Wiederkunft

aufgenommen wurde und bei jeder Messe das Volk betet: „... bis du kommst in Herrlichkeit". Ist die Heilsgeschichte in eine neue – letzte? – Phase eingetreten?

5. Was jedoch nicht gelang, ist die Christianisierung der Welt. „Die Europäisierung der Welt ist als Technisierung gelungen, ihre Christianisierung blieb stecken."[10] Dem Wachstum der Menschheit entsprach keineswegs gleiche Zunahme der Christen, sie werden prozentual immer mehr in eine Minderheit gedrängt, und dieser Prozeß scheint unaufhaltsam weiterzugehen. In den „alten christlichen Ländern" schleicht dazu noch ein lautloser Abfall umher.
Was könnte die Konsequenz für das Christenleben sein? Jammernde Resignation – kurzschlüssiger Aktivismus – oder der Glaube, daß Christus wirklich „alle Macht" gegeben ist und er deshalb Vertrauen in seine Absichten erwartet? Dann wäre unser Denken offen für beides: Wende oder Wiederkunft.

Ein Gerücht geht um
in den Kontinenten ...
ein ungenaues Gesumm:
Ende – Umgestaltung.[11]

2000 Jahre Wirkungsgeschichte des Evangeliums (Mt 22, 19–20; Mk 13, 10)

Missionsauftrag

Jerusalem ⟶ Rom

Ost-West-Achse : Schisma 1054
Süd-Nord-Achse : Reformation 1517
16.–20. Jahrhundert : weltweite Mission

„Vor dem Ende aber muß allen Völkern das Evangelium verkündet sein“

Europäisierung der Welt durch Technisierung; Christianisierung der Welt ist mißlungen.

Minderheit – lautloser Abfall

Wende oder Ende?

14

Das Evangelium und die Politik

Matthäus 20,25–26

1. Nach der konstantinischen Wende (312) gingen die Christen eine Verbindung mit dem Staat ein, die fast 2000 Jahre hindurch die Wirkungsgeschichte des Evangeliums beeinflussen sollte. Das Christentum wurde mit der Politik konfrontiert, und bedrückend trat die Frage auf nach dem Verhältnis von

Evangelium und Politik,
Hirtenstab und Schwert,
Papst und Kaiser,
Altar und Thron,
Kirche und Staat.

2. Was wäre von den Führern der Christen, Päpsten und Bischöfen zu erwarten? Daß sie bei der Verkündigung des Evangeliums zur freien Glaubensentscheidung aufrufen, und mit personalen Kategorien (einladen, vertrauen, bitten, verzeihen, lieben, glauben)[12] den Hirten- und Missionsauftrag Christi zu erfüllen versuchen. Sie sollen „Diener" und nicht Machthaber sein.
Was wäre von Politikern zu erwarten, die Christen sind? Religion nicht für ihre Machtausübung mißbrauchen[13] und das Gebot der Nächstenliebe in politische Wirksamkeit übersetzen als Gerechtigkeit, Wohlfahrt und Menschenrechte.

3. Beide, Papst und Kaiser, verbanden lange Zeit gleiche Interessen: Die Einheit der Kirche und die Einheit des Reiches waren wechselseitig miteinander verquickt.

Und sie hatten Interessenkonflikte. Beide vermieden die Einfalt der Taube zugunsten der Klugheit der Schlange. Beide verunreinigten ihre Ämter: Der Papst, als er auf dem Höhepunkt der Papstkrise nicht das Wohl der Gläubigen, sondern seiner Familienpartei im Sinn hatte, sogar mit eigenen Soldaten. Und der Kaiser, indem er den Machtzuwachs seiner Dynastie dem Wohl der Untertanen vorzog. Gewiß sind alle aus ihrer Zeit zu verstehen – aber das Ergebnis bleibt doch negativ.

4. Markante Beispiele innerhalb der 2000 Jahre – mit dem Zeitraffer gesehen – sind die Kaiserkrönung Karls des Großen 800 in Rom: Der Papst steht über dem Kaiser. Damit begann auch das Gottesgnadentum für die Herrschenden. 1000 Jahre später beordete Napoleon den Papst zur Kaiserkrönung nach Paris (1804) und benützte seine Gegenwart zur Erhöhung des Festes. Aber im entscheidenden Augenblick setzte er sich die Krone selbst auf. Der Kaiser steht über dem Papst! Solche Schaukel ging öfter auf und ab in den 2000 Jahren. Auch nach der Reformation kamen die protestantischen Kirchen vom Regen in die Traufe, als sie sich der Willkür der einzelnen Landesherren unterstellten. Ludwig XIV. wohnte täglich der Messe in seiner Palastkapelle bei, aber er baute auch Paläste auf Kosten des Volkes und führte Kriege zu seiner eigenen größeren Ehre: „Der Staat bin ich!" Wilhelm II., deutscher Kaiser und Oberhaupt der preußischen Landeskirche, bemühte zum Kriegsausbruch 1914 die Allmacht Gottes für seine Waffen.

Die französische, die russische und die deutsche Revolution waren wie überfällige Explosionen im Volkskörper. Sie schwemmten das Gottesgnadentum hinweg und damit auch die Privilegien der Kirchen, die sich mit ihm verbunden hatten. Mit den Regierungen „im Namen des Volkes", den Demokratien, mußten sich die Kirchen allmählich arrangieren.

5. Gewiß gab es innerhalb dieses Zeitraumes Päpste, Bischöfe, Heilige, Gläubige, die den Geist des Evangeliums erfaßten (der waffenlose Versuch z. B. des hl. Franz in Ägypten 1219 scheiterte); und es gab Politiker, die aus christlicher Verantwortung handelten. Immer standen sie vor der Frage: Pakt oder Kreuz? Ist es möglich, mit dem Staat zu paktieren, oder bleibt nur die Fremdheit der Christen innerhalb des staatlichen Lebens unter dem Zeichen des Kreuzes? Die Schwierigkeit einer Antwort vermehrt sich noch, seitdem eine pluralistische Gesellschaft nach Berücksichtigung verlangt. Die Christen als Gruppe müssen sich mit Gruppen Anders- oder Nichtgläubiger zusammentun.

6. Die Antwort ist der Kompromiß. Nein – sagen dazu die Strengen, man darf vom Evangelium keine Abstriche machen. Ja – sagen die Erfahrenen, Politik ist die Kunst des Möglichen. Denn die christliche Verantwortung spreche von der seelsorglichen Rücksicht auf die Mehrzahl der Gläubigen, deren Möglichkeiten realistisch gesehen werden müssen und die nicht überfordert werden dürfen. Das ist der Hintergrund für manche Konkordate und mancher Übereinkommen, auch mit dem Ostblock. Langsam löst sich in unserer Gegenwart da und dort die Vernunftehe zwischen Kirche und Staat. In der großen Weltpolitik aber spielt das Christentum nur indirekt, über einzelne politische Persönlichkeiten, eine Rolle.

7. Was ist das Ergebnis? Das anspruchsvolle Wort von Pfingsten: „Send aus deinen Geist, und das Gesicht der Erde wird neu“ (Pfingstmesse) macht einer realistischen Ernüchterung Platz. Das Evangelium ist im großen Weltgeschehen nicht bestimmende Geschichtsmacht, sondern eine Nebensache, manchmal höflich erwähnt, belächelt, übersehen oder auch offen bekämpft. Das Christentum als Werkzeug für die Einheit der Menschheit blieb Illusion. Die Welt geht politisch ihre eigenen

Das Evangelium und die Politik (Mt 20,25–26)

Hirtenstab	Schwert
Papst	Kaiser
Mitra	Krone
Altar	Thron
Kirche	Staat

Die Erwartung

Verkündigung und Hirtensorge mit personalen Kategorien	Nächstenliebe ↓ Gerechtigkeit Wohlfahrt Menschenrechte
800 Krönung Karls des Großen P > K	1804 Napoleon P < K

Pakt – Kreuz – Kompromiß

?

Wege, vielleicht zu einer Weltregierung, aus der Not geboren und für viele der einzige Ausweg. Nach all den bisherigen Erfahrungen ist zu vermuten, daß diese Machtzusammenballung dann nicht im Dienst des Evangeliums stehen wird.

15

Das Evangelium und seine sozialen Auswirkungen

Matthäus 26,11; Jakobus 4,17

1. Als Christus durch die Welt ging, konnte jedermann „die Güte und Menschenliebe Gottes" (Tit 3,4) erfahren. Ohne Unterschied des Alters, der Rasse, des Glaubens, des Geschlechtes und der sozialen Stellung wurden alle menschenwürdig behandelt. Die Würde jedes einzelnen als Person wäre als Lehrsatz dem Wirken Jesu abzulesen gewesen. Aber erst im II. Vatikanischen Konzil wurde in päpstlichen Dokumenten diesem Satz seine Bedeutung zugewiesen. Der Mensch als Person ist frei, z.B. sogar in der Wahl seiner Religion[14].

2. Die Christen aber sahen von Anfang an ihre Aufgabe nicht darin, die weltlichen sozialen Ordnungen und Strukturen zu ändern. In Predigten wurde z.B. versucht, die Situation der Sklaven und Leibeigenen zu mildern; aber diese selbst wurden ermahnt zu Treue im Dienst![15] Die Befreiungen setzten sich erst im 19. Jahrhundert im Gefolge aufgeklärten, humanitären und liberalistischen Denkens durch. Sklaverei und Leibeigenschaft wurden abgeschafft in Deutschland 1848, in Rußland 1861, in USA 1865, in Saudi-Arabien 1963. Die Befreiung der Arbeiterschaft von der neuen Ausbeutung im Industriezeitalter mußte ebenfalls durch harten Kampf abseits der Kirchen durchgesetzt werden. Die Sozialenzykliken der Päpste (1891 – 1931 – 1961 – 1967 – 1981) versuchen mit zunehmender Aktualität Einfluß auf die internationale soziale Not zu gewinnen.

3. Im Gegensatz dazu wurde ein zweiter Lehrsatz des Evangeliums voll wirksam: Aus dem Mitmensch wird mein Nächster, wenn er in Not ist, ich das sehe und helfen kann[16]. „Wer das Gute tun kann und es nicht tut, der sündigt" (Jak 4, 17). Hier hat die Christenheit ihr Herz entdeckt. Mit der Caritas wirkt das Evangelium in das soziale Leben hinein. „Hilfe in Not" wurde von der Zeit der Apostel an geübt: Gemeindecaritas, gegenseitige Hilfe der Gemeinden (Kollekte für Jerusalem). Zur Zeit der Kirchenväter entstanden an den Bischofssitzen Fremden-, Kranken- Waisenhäuser; später auch in Verbindung mit Klöstern (erste organisierte Krankenpflege). Der Bischof gelobt bis heute bei seiner Weihe, „pater pauperum" (Vater der Armen) zu sein. Im Mittelalter war es Aufgabe der Ritterorden, (z. B. der Hospitaliter für Aussätzige) Caritas zu üben. Nach dem Beispiel der Gründer von Krankenpflegeorden – Johannes von Gott (Barmherzige Brüder), Camillo de Lellis (Kamillianer), Vinzenz von Paul (Barmherzige Schwestern) – im 16. und 17. Jahrhundert, wurden in Deutschland im 19. Jahrhundert viele Neugründungen von Ordensgemeinschaften für alle caritativen Aufgaben begonnen, denen in den Pfarreien viele Laiengruppen (z. B. Elisabethkonferenz) zur Seite standen.

4. Nach dem 2. Weltkrieg lief eine neue Welle zur Hilfe in Not durch die Welt. Sie löste auch eine soziale Auslegung des Evangeliums in den 60er Jahren aus. Der soziologische Trend erfaßte die ganze Seelsorge, so daß zeitweise der Eindruck entstehen konnte, nicht mehr das „Seelenheil", sondern das „Sozialheil" sei Aufgabe der Kirche (Schelsky).

5. Die Strukturen der Gesellschaft änderten sich in den 2000 Jahren, auch an die Stelle früherer Nöte tauchten

neue auf – im alten Kleid: Die Armut der Flüchtlinge weltweit und die Not in Ländern der Dritten Welt, denen nur noch durch kollektive Maßnahmen begegnet werden kann. Internationale Caritas und große Hilfswerke der Kirchen versuchen zu helfen.
In den westlichen Ländern ist dazu eine neue Not ausgebrochen. Die Vermassung führt zu Isolierung, Verlassenheit und Vereinsamung. Sinnlosigkeit des Lebens ist heute die häufigste Ursache von Neurosen. Diese seelische Not stellt eine individuell zu lösende Aufgabe dar, sie erhofft auch Gemeinschaft in den Gemeinden. Die Kirche könnte eine „Institution für Sinnfragen" sein. „Die Armen habt ihr immer bei euch" (Mt 26, 11), heißt es im Evangelium; man kann weiterfahren: Not verschiedenster Art habt ihr immer bei euch!

Das Evangelium und seine sozialen Auswirkungen (Mt 26,11; Jak 4,17)

I

Die Würde jedes einzelnen als PERSON

Soziale Strukturen: Sklaverei – Leibeigenschaft
Arbeiterschaft

Befreiung durch Revolutionen (1791 – 1848 – 1917 – 1918) – ohne Kirche

Sozialenzykliken der Päpste (1891 – 1931 – 1961 – 1967 – 1981)

II

Aus dem Mitmensch wird mein NÄCHSTER

Caritas

Evangelium —— Hilfe in Not

16

2000 Jahre christliche Sittenlehre

Römer 12,2; 1 Korinther 3,22b

1. Das Christentum traf auf die sittlichen Zustände der Spätantike im Mittelmeerraum. Sie waren gekennzeichnet durch den Niedergang einer Hochkultur sowie durch den Gegenausschlag in einem der Askese zugeneigten Dualismus verschiedener Richtungen (Neuplatonismus, Gnosis, Stoa). Ihr Ziel war Vergeistigung, Freiwerden von Materie durch Askese.
Darin drücken sich zwei typische Sittenlehren aus: Weltverfallenheit und Weltflucht. Welche Stellung wird die junge Lehre des Christentums einnehmen? Das bedeutet nicht weniger als nach dem Verhalten der Christen zum Eigentum Jesu, der Schöpfung zu fragen. „Alles gehört euer", schreibt Paulus, „Welt, Leben, Tod, Gegenwart und Zukunft" (1 Kor 3,22).
2. Ein Mißtrauen gegen die sündige Welt beherrschte jedoch die Sittlichkeit. „Gleicht euch nicht dieser Welt an!" Mehr als 1000 Jahre beherrschte z. B. die Sexualethik Augustins die Lebenslehre der Christen[17]. Das berühmte Buch „Nachfolge Christi" (1427) ist in Intention und Wirksamkeit das typische Symptom dafür, daß die Mönchsspiritualität Modell für alle Christen in der Welt wurde, was heißt, die Welt in Verzicht und Selbstheiligung zu überwinden[18]. Die Mönchsfrömmigkeit drang in Wort und Schrift in das Volk, auch wenn in höheren Kreisen oft das Gegenteil gelebt wurde.
Die große Wende trat erst im Zweiten Vatikanischen Konzil ein mit dem Programm „Zuwendung zur Welt". Wenn auch nur bruchstückhaft zu verwirklichen, die

Verantwortung für die Welt veranlaßt die Christen, das Mißtrauen in die Welt zu überwinden und sie nach Möglichkeit im christlichen Geist zu formen.
3. Damit würde in die sittlichen Motive eine neue Leitlinie eindringen, die das Christentum von Anfang an anzumelden gehabt hätte. Nicht Weltverfallenheit (mit Äußerungen in allen Lebensgebieten); nicht Weltflucht (mit den verschiedenen Techniken der Vergeistigung); d. h. mit anderen Worten nicht Aufgehen in Materialismus und ebenso nicht Entmaterialisierung – sondern als neue dritte Möglichkeit Inkarnation[19]. Das bedeutet Assimilation der Materie durch den Geist bis dahin, daß Gott selbst die Welt in sich aufnimmt: „Gott in Welt".
4. Dermaßen mit dem Zeitraffer 2000 Jahre überblikkend, drängt sich eine Veränderung im sittlichen Empfinden auf. Das Christenleben war zunehmend bestimmt von den zwei Polen „Sünde – Heiligkeit". Zwischen ihnen war die sittliche Lehre für die Christen eingespannt. Gewiß wurde vom Judentum die Meinung übernommen, Sündenvergebung sei der „Inbegriff der Versöhnung" (Jo 1,29). Aber Sünde und Sündenvergebung sind doch nur ein Teil, *ein* Element im Christenleben, wenn auch ein echtes und wichtiges.
Solche Grundlegung christlicher Sittenlehre bewegt aber nicht mehr; denn sie ist *individualistisch, moralistisch* und vor allem *negativ.* Die Welt ist ausgelassen.
5. Auf der Suche nach umfassenderen Leitlinien, die gleichsam wie Koordinaten dem Evangelium entsprechen, bieten sich zwei Pole an, die der Konfrontation des Evangeliums mit dem geistigen Klima heute entspringen: Menschlichkeit und Heilsgeschichte.
Die sittlichen Forderungen Jesu zielen auf Menschlichkeit, gegen sich selbst, gegen die Mitmenschen und nach menschlicher Beziehung zu Gott. Menschlichkeit aber muß mit Heilsgeschichte verknüpft werden, damit sie

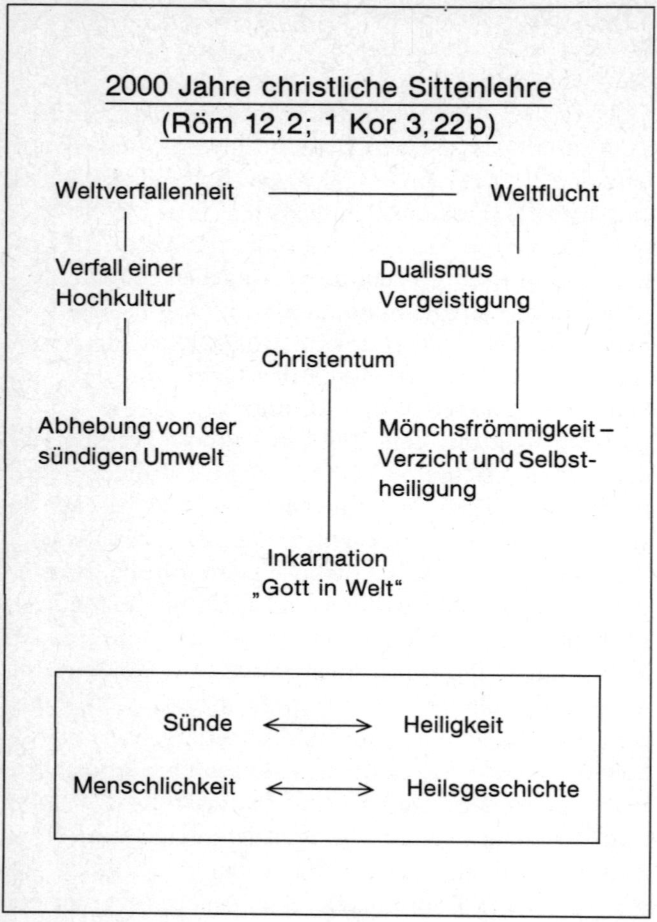

von der Willkür humanitärer Ideologien befreit wird. Zugleich wird damit naiver Optimismus verhindert; denn das Kreuz ist Zeichen der Heilsgeschichte. Sie bestimmt Maß und Ziel der Menschlichkeit. Das sittliche Streben würde dadurch *individuell* sowie *kollektiv* gesehen, dazu ganzheitlich und positiv.

17

Christentum und Kultur

Genesis 1,28; Hebräer 6, 4–6

1. Religion wird der Mutterboden für Kultur genannt. Welche Kultur hat das Evangelium hervorgebracht? Ihr Ziel ist zwar das Heil, nicht Kultur; diese kann die Folge sein. Denn christliche Lebensform drückt sich aus in Kultur, sichtbar im Handeln und im Werk. Wie Salz oder Sauerteig soll das gelebte Christentum die Kultur beeinflussen und neue schaffen, direkt, aber auch indirekt. Dem Zeitraffer zeigt sich ein Teppich christlicher Lebensart, wie ein Geflecht, das sich über das Abendland und weiter über die ganze Erde ausbreitet. Seine Wurzeln senken sich tief in das Erdreich, sie können wohl nicht mehr ganz ausgerottet werden. Man kann sagen, daß auf dem kulturellen Gebiet das Evangelium sich in wunderbaren Früchten auswirkte. Mit dem Zeitraffer sollen wieder entscheidende Phasen dargestellt werden.
2. Das Christentum stand am Anfang in kritischer Distanz zur Kultur der Spätantike. Erst nach der konstantinischen Wende vollzog sich eine Hinwendung. Heidnische Feste wurden z.B. "getauft" und zu christlichen Festen umgeformt.
Im Mittelalter blühte eine christliche Kultur auf, eine einmalige Einheit von Religion und Kultur. Die Kathedralen und Dome stellen einen Kosmos des damaligen Weltbildes dar. Alle unchristlichen Mächte werden entdämonisiert, gefangengenommen und an den Außenwänden und Pfeilern oft als Tiergestalten festgemauert. Auch sie müssen dienen, wenigstens als Wasserspeier.

Mit dem Mittelalter wird ein kultureller Höhepunkt erreicht und überschritten: Die Reaktion der Welt setzt ein und charakterisiert die Neuzeit. Die Mächte der Welt lösen sich ab von der „Kathedrale" in einzelnen Schüben, beginnend mit der Philosophie, der Kunst und den aufkommenden Naturwissenschaften. Das Ergebnis ist eine säkularisierte Welt, in der die Christen als Minderheit leben. Daß so vieles in der säkularisierten Welt auf christlichen Wurzeln gründet, soll keine allzu große Beruhigung darstellen, denn ein säkularisierter, früher christlicher Boden erweist sich immer mehr als unfruchtbar, ja immun gegen das Evangelium. Darauf deutet Hebräerbrief hin (6,4–5): „Denn es ist unmöglich, Menschen ... die das gute Werk Gottes und die Kräfte der zukünftigen Welt kennengelernt haben, dann aber abgefallen sind, erneut zur Umkehr zu bringen."
Wenn sich heute ein neuer kultureller Schub in den (vorerst) westlichen Ländern vorzubereiten scheint, so steht er – wohl zum erstenmal – nicht im Zeichen der Ablösung vom Christentum, sondern er dürfte ein Schub werden innerhalb der säkularisierten Kultur selbst. Die moderne Kunst jedenfalls wirkt vorauseilend wie ein Bildersturm, in Plastik, Malerei, Literatur, Theater und Film.
3. Heilsgeschichtlich sind die kulturellen Schübe von größter Bedeutung. Sie bereiten sich wie Erdbeben durch unterirdische Verschiebungen lange Zeit vor. Politische, soziale und geistige Veränderungen verursachen Spannungen und Ängste, und wenn dann der zündende Funke durch eine Persönlichkeit oder ein äußeres Ereignis geworfen wird, verändert sich plötzlich im Volkskörper das Bewußtsein. Gegen Lehren und Begriffe kann mit Argumenten gekämpft werden, Bilder aber sind wirksamer, sie muß man zerstören (Jakob Burckhardt). Bilderstürme gehören zu kulturellen Schüben.

Wer z. B. den Dom in Monreale bei Palermo besucht, wird die goldstrotzenden Bilderwände bewundern, aber er könnte plötzlich auch erleben und verstehen, daß er in dieser hierarchisch strengen Welt, die sie ausdrücken, nicht leben könnte, sie wirkt bedrückend und einengend. Viele Kunstwerke wurden im Bildersturm des 8. Jahrhunderts im Osten zerstört, wie dann wieder während der Reformation im 16. Jahrhundert im Westen. (In Bayern ist damit auch die Barockisierung der gotischen Kirchen bis ins Dorf hinein zu vergleichen.)

4. So widerwillig die Christen sich kulturellen Schüben anpaßten, so zeigt sich doch in ihrem Bildungsprogramm die aufgezwungene Veränderung. Prägten bis zum Ersten Weltkrieg das Programm die drei Städtenamen

Jerusalem – Athen – Rom,

jede Stadt eine Kultur für sich; so gilt heute (von der Kirche in USA ausgehend)

Jerusalem – Welt – Rom.

Vielleicht sollte das Programm nochmals erweitert werden:

Menschlichkeit – Menschheit – Heilsgeschichte.

Die säkularisierte Umwelt dagegen scheint sich an den Begriffen zu orientieren

Wissenschaft – Weltall – Menschenrechte.

Der Christ lebt als Zeitgenosse und atmet den Geist der Zeit ein. Sein Kulturauftrag von den Schöpfungstagen an (Gen 1,28) bleibt bestehen, und sein christliches Weltamt drängt ihn, den Sauerteig des Evangeliums in die sich langsam anzeigenden kulturellen Veränderungen hineinzumischen. Ob nun eine neue Kulturphase her-

Christentum und Kultur (Gen 1,28; Hebr 6,4–6)

Kultur ist Lebensform der Menschen

Urchristentum	———	kritische Distanz
Mittelalter	———	Einheit von Religion und Kultur
Neuzeit	———	Säkularisierung
kulturelle Schübe	———	Ablösung vom Christentum
	———	innerhalb der säkularisierten Welt
Gegen Begriffe	———	mit Argumenten
Gegen Bilder	———	mit Zerstörung

Christliche Bildungsprogramme:

Jerusalem – Athen – Rom
Jerusalem – Welt – Rom
Menschlichkeit – Menschheit – Heilsgeschichte

aufkommt oder nur eine einheitliche Weltzivilisation, oder die Wiederkunft sich ankündigt, in allen drei Möglichkeiten drängt die Weltbewegung weiter auf das heilsgeschichtliche Ziel zu.

18

Die religiöse Entwicklung des Christentums

Römer 8,19–22

1. Das Baugesetz des Weltprojektes Gottes weist von oben nach unten: die Bejahung der Welt durch Gott. Diese Linie zieht sich durch das ganze Alte Testament. Das Volk Israel wehrte sich immer gegen eine geistige Verdünnung des verheißenen Gottesreiches und behauptete seine blut- und lebensvolle Gestalt. Die Inkarnation des Gottessohnes in „Weltstoff" ist gleichsam die Bestätigung der Bewegung von oben nach unten. Das Christentum lebt daher von der Beziehung von Gott zur materiellen Welt; sie wird auch die ganze Zwischenzeit prägen. An ihrem wechselnden Hin und Her läßt sich mit dem Zeitraffer ein Stück Wirkungsgeschichte des Evangeliums im religiösen Bereich ablesen.

2. Während Christi Botschaft das Reich Gottes zum Inhalt hatte, als Herrschaft Gottes in der Welt[20] und gereinigt vom engen politischen Verständnis der Israeliten, begann schon mit den Aposteln eine Änderung. Sie predigten Christus, er ist die Mitte und das Leitwort der Verkündigung; das Reich Gottes ist Christus. Hier ist nicht die theologische Begründung dieses Wechsels von Interesse[21], sondern dessen Auswirkung auf die Lebenslehre der Christen. Die Einengung der Verkündigung auf die Person Christi entläßt das Schicksal der Schöpfung in einen Freiraum, in Ungesichertheit und sogar Nichtbeachtung. Das wird immer deutlicher, als die Naherwartung aufgegeben und die Fernerwartung praktisch

wirkungslos wurde. Die Balance zwischen Christus und Welt, zwischen Gott und Schöpfung, zwischen Geist und Materie, zwischen Person und Sache ist aufgehoben.

3. Die Ausschläge werden an zwei Extremen aktuell. In einem liturgischen Text heißt es: „Lehre uns das Irdische verachten und das Himmlische lieben."[22] Das wirkt als Verdächtigung der Welt (selbst wenn behauptet wird, mit Verachtung sei nur die Gott widerstrebende „Welt" des Johannesevangeliums gemeint). Übernatur und Natur werden gespalten, dualistisch, feindselig gesehen. Welt ist zum Warteraum und Kirche moralische Anstalt geworden[23] Religiosität wird wirklichkeitsarm und verdünnt. Jansenismus und unnatürliche Askese konnten in dieser Luft gedeihen.
Das zweite Extrem ist die Trennung von sakral und profan. Das Profane wird zum „rein weltlichen Ding" (z. B. Luther über die Ehe), dem man mit allen Mitteln beikommen kann, mit Macht, Gewalt, ja mit Zerstörung (z. B. der Landschaft). Welt ist bloßes Material für die Menschen.

4. Demgegenüber spricht Paulus von einer Schicksalsgemeinschaft zwischen Mensch und Welt. Seine Perspektive geht über den Bereich des rein geistig Religiösen hinaus, hinein in die ganze Menschenwelt und das Universum. Denn die ganze Schöpfung ist abhängig vom Schicksal des Menschen; sie „wartet" auf das Offenbarwerden der Menschen als Söhne Gottes, was genau die Erlösung ihres Leibes bedeutet. Soll das heißen, daß die Ausstrahlung der verklärten Leiber die Umwelt verändert und sie dadurch erlöst?

5. Vorbereitet durch die biblische Theologie seit vielen Jahren, begann das Zweite Vatikanische Konzil eine

neue Epoche in der Entfaltung des Christenlebens durch eine neue „Weltzuwendung". Die Religiosität der Christen wird dadurch verbunden mit dem Anfang: Die Beziehung zu Christus *und* die Beziehung zur Welt, Person *und* Sache werden gleicherweise Inhalt.
Das entspricht sowohl der Gesundheit der Psyche wie der Religion: *Nur* persönliche Beziehungen ermatten, werden dünn, leere Hülse; *nur* sachliche Interessen ziehen herunter zu bloßem Aktivismus. Wer im religiösen Leben die Welt ausläßt und nur persönliche Beziehungen pflegt – und das hat jahrhundertelang als christliche Lebenslehre gewirkt –, verfällt in Abhängigkeit von Emotionen. Wer aber die persönliche Bindung vernachlässigt, versachlicht Religion zum herzlosen Geschäft. Der Mensch aus Leib und Seele, aus Materie und Geist ist dagegen hingeordnet auf Person *und* Sache, auch im Religiösen. Beide zusammen rufen erst den ganzen Menschen auf. Die Rückbesinnung auf die Botschaft von Christus, der das Reich Gottes verkündet, spannt die christliche Religiosität wieder in beide Beziehungen ein, beide werden Ausdruck der Frömmigkeit.

6. Eine Folge davon ist, daß Welt, Schöpfung nicht nur taktisch als Mittel zum Zweck benützt werden darf. Welt ist das „Land" im Reiche Gottes. Daraufhin ist sie geschaffen, darauf „wartet sie mit Seufzen", daraufhin muß sie gesehen und behandelt werden – Land, in dem Gott und Menschen gemeinsam leben. Reich Gottes ist Wohnstatt. „Wenn die ganze Schöpfung von der Verderbnis der Sünde und des Todes befreit ist, laß uns zusammen mit ihr dich verherrlichen in deinem Reich" (Viertes Hochgebet im Missale).
Auch ein Wandel des Christusbildes müßte folgen. Nicht mehr bloß Jesus als Bruder oder als der Christus, der „nur mit der Menschheit Beziehungen hat und aus-

schließlich als Retter und Erlöser der Seelen"[24] gesehen wird, sondern die Vorstellung vom kosmischen Christus dürfte der Heilsort der Christen werden. Mit der Planetisierung der Menschheit beginnt auch für die Christen das kosmische Zeitalter. Es ist bisher in die Frömmigkeit noch nicht eintrainiert.

7. Neue Fragen werden in der Zukunft die religiöse Entwicklung vorantreiben. Das ist einmal die Spaltung in der Christenheit, deren schmerzhafter Stachel erst heute richtig ins Bewußtsein dringt. Und zweitens wird die Frage nach der Stellung der Frau im Christentum keine Ruhe mehr geben.

Die religiöse Entwicklung des Christentums (Ro 8, 19–22)

Das christliche Baugesetz – von oben nach unten

Gott

↓

Welt

Die Botschaft Jesu —— das Reich Gottes

↓

Die Predigt der Apostel —— Christus

Schöpfung im Freiraum

Verdächtigung
Warteraum

Die Welt ist profan –
„ein weltlich Ding“

Paulus: Schicksalsgemeinschaft zwischen Mensch und Welt

Christus	+	Reich Gottes
Person	+	Sache

Der kosmische Christus

19

Die Heiligen

Exodus 19,16–20; 1 Könige 19,12; Titus 3,4

1. Zur religiösen Wirkungsgeschichte des Evangeliums in den 2000 Jahren gehören auch Früchte, bitter wie Galläpfel und anziehend wie Honig. Es sind die Heiligen, auf die wir mit Verwunderung und Freude schauen. „Sie kommen wieder" zurück – in die christliche Frömmigkeit, aber der Zugang zu ihnen wird sich nur über kritisches Verstehen öffnen. Was ist in diesen Christen vorgegangen, daß sie solches Aufsehen erregen? Können sie uns im Glauben (nicht nur in der Fürsprache) helfen?

2. Heilige gibt es in allen Religionen. Sie sind typische Gestalten von alters her, archaisch, als Archetypus erlebt. Allen gemeinsam ist, daß sie von ihrer Religion ganz und gar erfüllt und ausgefüllt sind und deshalb wie Grenzposten am Rand der Welt stehen, fremd und dann wieder überraschend.
Die christlichen Heiligen fügen sich diesem Bild, aber sie sind zu befragen, wie sie den Christengott erlebt haben, so daß wir an ihnen wie an einem Bild Züge unseres Gottes ablesen können.

3. Viele Heilige sind zum Erschrecken, sie tun Dinge, die abstoßen. Franziskus küßte die Wunden der Pestkranken. Er wütete gegen seinen Leib, den er Bruder Esel nannte. Erst als es zu spät und er sterbenskrank war, sprach er vom Bruder Leib. Nikolaus von der Flüe verließ Frau und Kinder, um sich in der Nähe in seiner

Klause zu isolieren. Seine Vision läßt ein erschreckendes göttliches Gesicht erkennen[25].
Erlebten sie die Heiligkeit Gottes als Erschreckendes, Furchtbares, das sie so durcheinanderbrachte und sie deshalb zu sonst nicht zu verstehenden Haltungen kamen? Man könnte sie *Erschreckungsmodelle* Gottes nennen, die man nicht nachahmen soll. So wirkt der heilige Gott auf Menschen, erschreckend und furchterregend! Das Tremendum Gottes – heute fast vergessen und durch schwächliche Weltanpassung aus der Verkündigung verdrängt – schafft die nötige Distanz des Geschöpfes Gott gegenüber. Nur in Katastrophen blitzt es plötzlich auf, und dann wird Gott angeklagt als unmenschlich, an den man nicht mehr glauben kann.

4. Aber die Furcht Gottes ist nur „der Anfang der Weisheit" (Spr 1,7). Gott erscheint nicht nur im Bild von Blitz und Donner wie am Sinai (Ex 19,16–20), sondern auch im „sanften, leisen Säuseln" (1 Kön 19,12). In Christus ist uns erschienen „die Güte und Menschenliebe Gottes" (Tit 3,4). Gott ist nicht nur erschreckend, er ist auch faszinierend (tremendum et fascinosum). Aus Heiligen, die Gott so erlebten, leuchtet und wirkt die Menschenfreundlichkeit Gottes in die Welt hinein. So Elisabeth von Thüringen, so Thomas Morus, um nur einige typische Beispiele für viele zu nennen. Sie wirken beispielhaft, ihnen kann man sich zugesellen und sich mit ihnen identifizieren; man kann sie *Identifikationsmodelle* nennen. Franziskus gehört wohl zu beiden. Aus ihm strahlt die Freundlichkeit Gottes in seinem Sonnengesang bis in die Schöpfung hinein: Gott ist menschenfreundlich und welt-freundlich.

Die Heiligen (Ex 19,16–20; 1 Kön 19,12; Tit 3,4)

Zugang zu den Heiligen —— Hilfe für den Glauben
Die Heiligen – Grenzposten am Rande der Welt.

Erschreckungs-modelle	——	Gott ist erschreckend
Identifikationsmodelle	——	Gott ist faszinierend
„Tremendum	——	Faszinosum“

„Gottesfurcht ist der Anfang der Weisheit“ – aber nur der Anfang. (Spr 1,7)

Deine Heiligen sind wie Helden aus fremden Ländern,
und ihre Gesichter sind wie eine unbekannte Schrift“ G. v. le Fort

„Deine Heiligen sind wie Helden aus fremden Ländern, und ihre Gesichter sind wie eine unbekannte Schrift.“

Gertrud von le Fort[26]

20

Eine Bilanz

Lukas 21,29–30

1. Mit dem Zeitraffer die 2000 Jahre Wirkungsgeschichte des Evangeliums (politisch, sozial, sittlich, kulturell und religiös) zu überblicken, drängt dazu, eine Bilanz dieses Erbes zu versuchen. Wir sollen ja die Zeichen der Zeit lesen. „Seht euch den Feigenbaum und die anderen Bäume an: Sobald ihr merkt, daß sie Blätter treiben …" Auch wenn die Zeichen der Zeit sich immer ambivalent deuten lassen – naiv und unreflektiert in die Zukunft zu gehen, sollte Christen nicht mehr möglich sein. Zwei Erscheinungen zeigen sich als Ergebnisse der Entwicklung: Säkularisierung und ein religiöser Humanismus.

2. Wenn die Mönche aus einem Kloster vertrieben wurden und der Staat das Gebäude als sein Eigentum erklärte, so geht es aus kirchlicher Hand in weltliche Hand über, es wird verweltlicht, säkularisiert. Was dieses Beispiel äußerlich zeigt, geschieht seit dem Mittelalter im geistigen Bereich in zunehmendem Maße. Blitz und Donner waren die Stimme und der Zorn Gottes – heute weiß jedermann von elektrischen Entladungen in der Atmosphäre. Und diese weltliche Erklärung gibt die Möglichkeit, uns durch Blitzableiter zu schützen. – Ein Kind war früher Geschenk Gottes – heute spricht man von Familienplanung. Aber dafür ist auch unsere Verantwortung gewachsen. – In Ekstasen sah man die Grenzüberschreitung zu Gott – heute gibt es die chemische Ekstase

durch Drogen. Aber man hat erkannt, zu welcher Bewußtseinserweiterung die menschliche Psyche fähig ist.
Das Ergebnis der fortschreitenden Säkularisierung ist eine „gottlose Welt", d. h. eine Welt, in der nichts Geschöpfliches mehr göttlich ist, sondern rein weltlich; und ein „weltloser Gott", d. h. ein Gott, der nicht mit Geschöpflichem verwechselt und vermischt werden darf. Die Welt ist zum Wohn- und Arbeitsplatz, sowie zur Freizeitwiese geworden, aber sie ist nicht mehr religiöse Heimat. Gott und Welt treten auseinander, die Welt wird zunehmend Eigentum der Menschen. Aber das Bild des Schöpfers – das ist das Positive – wird reiner, klarer, deutlicher gesehen als „bloßer", aber wirklicher Gott, auch wenn er zunächst ins Unbekannte zu entschwinden droht. Es wurde vom „Mut zum unbekannten Gott" gesprochen, der den Christen neu zugemutet werden müßte.

3. Trotz dieses zunehmenden Verweltlichungsprozesses ist es nicht gelungen, Religiosität auszumerzen. Trotz kämpferischer atheistischer Erziehung durch Generationen im Osten bricht Religiosität immer wieder durch. Ist sie eine Anlage der Psyche, gibt es eine religiöse Naturkraft der Psyche? Dann dürfte sie nicht mehr bekämpft, sondern sie sollte eingebaut werden in den Haushalt seelischer Energien. Kampf gegen Religion wird dann abgelöst durch einen religiösen Humanismus.
Denn – die Psychotherapie hat es erwiesen – der Mensch bleibt stecken, tritt auf der Stelle, erlebt sich als sinnlos; er wird krank, neurotisch, wenn er nur rationalistisch lebt. Deshalb soll man sich religiöser Gefühle nicht schämen. Ergreifende, fromme Empfindungen wie erschrekkende Überwältigungen bei Grenzsituationen (Katastrophe, Krankheit, Tod) gehören zur Ganzheit menschlichen Lebens. Sie müßten zugelassen und durchlebt

werden, das gehöre zur Hygiene gesunden seelischen Lebens. Religiös sein ist ein Element der Humanität[27].

4. Aber selbstverständlich ist solche Religiosität möglich ohne formuliertes „Korsett", ohne Kirche, ja sogar ohne Gott[28]. Wie vergleichende Religionswissenschaft zeigen will, seien alle Religionen doch nur verschiedene Zugänge, nur verschiedene Dialekte des Sprechens über die Erfahrung der religiösen, der geheimnisvollen, der numinosen Seite der Welt. „Das Unerforschliche ruhig verehren" – damit charakterisierte Goethe die Religiosität vieler. Die Drei-Ringe-Mentalität[29] verlagert dann Religiosität auf das Human-Moralische, allerdings meist als Waffe gegen die Kirche benutzt.

5. Solch numinose Erfahrung wäre zwar auch der Humus, in den das Evangelium gesät werden kann. Aber dieser Boden ist vermischt mit dem ganzen Erbe der 2000 Jahre. So erweist sich ein religiöser Humanismus weitgehend als immun gegen das Evangelium und reagiert abweisend. Denn das Christliche sei zwar eine sittlich am höchsten stehende, aber doch nicht mehr als *eine* Weise religiöser Erfahrung unter vielen anderen. Und so könnte daraus die verführerischste Glaubensversuchung der Zukunft werden, weil sie im Namen des Religiösen auftritt. Humane Religiosität beerbt das Christentum, Glaube und Unglaube treten sich wieder offen gegenüber.
Aber numinose Erfahrung könnte auch die Vorbereitung sein für die Frage nach dem Sinn des Ganzen – bei *einzelnen,* die den Mut haben auszubrechen. Damit tritt die individuelle Glaubensentscheidung immer mehr einem gesellschaftlich bedingten Mitgezogen- und Mitgetragenwerden als entscheidende Alternative gegenüber.

Eine Bilanz (Lk 21,29–30)

1. Säkularisierung: kirchlich ⟶ weltlich

„gottlose Welt“ – nichts Geschöpfliches ist göttlich

„weltloser Gott“ – Mut zum unbekannten Gott

Gott —— Welt
Schöpfer —— Geschöpf

2. Religiöser Humanismus : natürliche religiöse Anlage
|
nicht bekämpfen
|
einbauen im Seelenhaushalt
|
Hygiene der Seele

Immun gegen das Evangelium –
Humus für das Evangelium.

Der Einzelne?

21

Glaubenkönnen heute

Johannes 3,21; 7,17

1. Die Kultur in einer säkularisierten Welt ist eine städtische Kultur, die bis ins fernste Dorf eindringt. Jeder atmet die Atmosphäre ein und wird dadurch verändert, auch in seinem Glaubenkönnen. Ist Glauben anders geworden gegenüber früher? Wieder sei auf zwei Entwicklungen hingewiesen:

2. Das Ichbewußtsein ist stärker geworden. Das ist Ausdruck für einen Schritt, den die westliche Menschheit in ihrer Individuation nach den zwei Weltkriegen gemacht hat. Gegen Zwang und autoritären Druck wird allergisch reagiert, eine übergestülpte Religion empfindet man als unecht und lehnt sie ab. Die Ablösung der Kinder von den Eltern vollzieht sich früher und heftiger. Aber dann ist die Jugend ungeschützt dem geistigen Klima der Welt ausgesetzt. Während früher sozialer Druck kircheneinwärts trieb, bläst heute der Wind kirchenauswärts. Dieser Sog der Massengesellschaft mit ihrer „Man-Welt" (man denkt, man redet und man tut, was alle denken, alle reden, alle tun) wird zwar mit stolzem Ichbewußtsein mitgemacht, da er gegen alles etablierte Religiöse auftritt. Aber eine „Man-Welt" erschwert auch das Zu-sich-selber-Finden. Die Reifung zu selbst-verantworteten Entscheidungen verschiebt sich daher auf spätere Jahre – auch im religiösen Leben. Wer heute glaubt, muß bewußt glauben, und das verlangt Absetzung von der Man-Welt. Das Ichbewußtsein müßte sich befreien von stolzer modischer Unentschiedenheit der Vielen und

den Weg zum Alleingang riskieren. Daß dies immer wieder einzelne leisten, überraschend viele einzelne (wobei man oft genug vermeint, das Gnadenwirken mit Händen greifen zu können), das gehört zur Signatur, zur Charakteristik der „nachchristlichen Zeit". Das sind die Reifen, die Mündigen, die Personalen. Das Kirchenvolk wird dadurch immer weniger eine homogene Masse, es bekommt eine körnige Struktur, bestehend aus vielen einzelnen.

An ihnen partizipieren viele andere wie an einem Magneten, oft halbbewußt und unreflektiert. Wenn daraus Gruppenbildung erfolgt (Aktionsgruppen, Gebetsgruppen, Pfarrgemeinderäte) dringt christliche Lebensart in die Umgebung ein.

3. Eine zweite Konsequenz der säkularisierten Welt ist die Loslösung religiöser Wahrheit von Macht und Zwang. Beweisbare Wahrheiten führen logischerweise zur Annahme, man kann sie sogar erzwingen, wie z. B. die Einhaltung öffentlicher hygienischer Maßnahmen, basierend auf biologischen Erkenntnissen. Aber religiöse Wahrheiten sind nicht beweisbar, sie sind anderer Art, sie gehören einer anderen Wirklichkeitsschicht an, und hier gelten andere „Erkenntnisquellen": Wagnis, Vertrauen, Liebe. Die Annahme religiöser Wahrheiten verlangt daher ein besonderes Verhalten des Angesprochenen, das auf freier Entscheidung beruht. Das bedeutet den Weg von außen nach innen, in die Innenwelt. Im Innern werden religiöse Wahrheiten erfahren, sog. „subjektive" Wahrheiten (Kierkegaard). Sich ihnen zu nähern, bedarf es einer bestimmten Lebensart, von der die Johannesworte 3,21 und 7,17 sprechen. In freier Formulierung heißt dieser Weg: „Wer nach den Worten Christi *lebt,* wird ihre Wahrheit erkennen." Wer es wagt, vertraut und liebt – dem tut sich ihre Wahrheit auf.

4. Zwei Folgerungen ergeben sich daraus: Glaube appelliert an die freie Entscheidung – das hat das Zweite Vatikanische Konzil offiziell bestätigt. Das bedeutet, daß Macht und religiöser Zwang unerlaubt sind und der seelsorgerliche Typ des Großinquisitors unmöglich wird. Der Priester ist von jetzt an der Christ, der im bischöflichen Auftrag mit den Christen in einer Gemeinde zusammenlebt, ihnen immer wieder die große „Einladung" des Evangeliums verkündet, ihnen hilft zu glauben und christlich zu leben.
Daraus folgt weiter ein „Glaube ohne Angst". Glauben als Wagen, Vertrauen, Lieben schließt Angst aus. Glauben heute entspricht damit der Individuation des Menschen von heute und der Befreiung religiöser Wahrheiten von Macht und Zwang.

Glaubenkönnen heute (Jo 3,21; 7,17)

Säkularisierte Welt ——— städtische Kultur

1. Ichbewußtsein ——— Individuation

Glaubensentscheidung später – der Einzelne

2. Wahrheit + Macht und Zwang?

beweisbare Wahrheiten → logischer Zwang
religiöse Wahrheiten → freie Entscheidung

Seelsorge
|
Einladung

Erkenntnisquellen: Wagen – Vertrauen – Lieben

Wer nach den Worten Christi lebt,
wird ihre Wahrheit erkennen!

Glauben ohne Angst

22

Das Sterben

Lukas 20, 38; 23, 43

1. Die Heilsgeschichte drängt weiter, die Zeit gibt keine Ruhe. Sie treibt uns auf eine Schwelle zu, die der Teilnahme an der Heilsgeschichte zeitweise eine Grenze setzt – den Tod. Die ganze Zwischenzeit bis zur Wiederkunft wird wie bisher bestimmt durch den individuellen Tod, bis „die ganze Schöpfung von der Verderbnis der Sünde und des Todes befreit ist", wie es im vierten Kanon der Messe heißt.

2. Sterben ist zunächst Auflösung der Verbindung von Leib und Seele. Davor schreckt die Natur zurück in Angst und Furcht. Todes*angst* ist die Witterung von etwas Unbekanntem, Unnatürlichen, von etwas, das nicht sein sollte. Diese Angst kann man nicht wegnehmen, sie muß durchgestanden werden. Todes*furcht* kann in einer ars moriendi, einer Art Sterbekunst, aufgelöst werden durch Vorausdenken.
Was geschieht bei der Loslösung der Seele vom Leib? Kann sie ohne Leib überhaupt existieren – diese Seele, dieses geistige Ding? Seele – das ist Bewußtsein mit dem Ich als Mittelpunkt; das ist das Unbewußte; dazu alle sensitiven und vegetativen Schichten, Kräfte also, womit ein Leib ausgezeugt werden kann. Dieses unsichtbare geistige Ding ist in einer Hilfsvorstellung wie eine Kugel, kleiner als ein Punkt, der in der Vorstellung auch noch zerdrückt werden muß – hinaus aus dem Raum, hinaus aus der Zeit –, und doch bleibt volles Ichbewußtsein. Ist

dieses geistige Ding ohne Leib lebensfähig? Psychologie von heute ist für diese meta-physische Frage nicht zuständig.[30] Damit fallen auch alle Einwände, die sich im Schlepptau der Psychologie *nur* auf die Einheit und Ganzheit Mensch berufen.

3. Aber durch die Gegenwart geistern Gedanken wie: Rückgabe des Lebens an die Allnatur, an den Weltgeist – Aufgehen des Lebens in das ewig sich erneuernde Kraftfeld des Lebens überhaupt – wohltuendes Versinken in das Meer zeitloser Vergessenheit! In einem Gedicht heißt es:

> Mach wieder
> Wasser aus mir
> Strömen will ich
> im Strom
> ins Meer versinken.[31]

In einem Gedicht[3] in bayerischer Mundart wird ein weit verbreitetes Volksempfinden noch deutlicher:

> Mi einfach als mi selber verliern,
> nimmer über mi nachstudiern,
> ganz staad bloß zlaufa und z'geh.[32]

Individuelle Unsterblichkeit jedoch drängt sich auf, wenn man bedenkt, daß der Mensch das einzige Wesen auf Erden ist, das nicht nur in die Welt hinausschauen, sondern auch in sich selbst hineinschauen kann, sich selbst beeinflussen und daher in die „Hand nehmen" kann, Mittelpunkt und Sinn in sich selbst hat. Das ist eine eigene, höchste Schicht der Schöpfung, die Person[33] – unsterblich. Gott will, daß sie weiterlebe. Er ist „kein Gott *von Toten, sondern von Lebendigen" (Lk 20,38).* Eine christliche Kurzformel sollte heißen: „Nicht ein Tropfen im Meer – ich selbst will weiterleben!"

4. Sterben[34] ist – wie das Durchbrechen der Schallmauer – ein Durchbrechen der Raummauer: nirgends mehr sein und nirgendwo gebunden an einen Ort, einfach nicht mehr im Raum; *und* ein Durchbrechen der Zeitmauer: nicht Vergangenheit und nicht Zukunft, sondern nur Gegenwärtigkeit. Wie wird das auf die Psyche wirken? Im Gebirge Verunglückte berichten, daß sie im Augenblick des Sturzes, in dieser Angstsituation, im Nu, ihr ganzes Leben mit allen Details überschauen konnten. Das ist ein Wachwerden, eine Aufsteilung der psychischen Kräfte, eine ungeahnte, aber reale Bewußtseinserweiterung. Wenn nun – darüber nachzudenken ist legitim – im Tod es dazu möglich wird, die ganze Menschheitsgeschichte zu überschauen und die ganze Entwicklung des Kosmos, so muß hier die Psyche zu einem Selbstbewußtsein kommen wie nie hier im Leben. Und hier wäre das erste offene Gegenüber mit Christus zu denken[35]. Seiner unwürdig zu sein, ihm nicht zu genügen, hinter sich selbst zurückgeblieben zu sein und nachzureifen, das ist ein Werdeschmerz, der im Bild Fegfeuer heißt und zum Ausgleich aller Schuld führt – es sei denn, einer verschließt sich auch jetzt noch gegen Christus (was nicht unmöglich zu sein scheint).

5. Dann – und das scheint für das Christenleben in der gegenwärtigen Heilsgeschichte am Wichtigsten zu sein – beginnt ein seliges Zusammensein mit Gott im Himmel („Heute noch wirst du mit mir im Paradies sein" Lk 23,43 – dies ist der einzige Satz mit Zeitangabe über das Hinübergehn); aber auch voll freudigen Erwartens des Tages der Wiederkunft Christi mit der Auferstehung „der Toten". Dieses „Warten" ist außerhalb der Zeit – das ist so unvorstellbar, wie es real ist[36].
Wenn dann am Jüngsten Tag sich Christus von seinem Thron erhebt, tauchen die Seelen mit ihm wieder in

Raum und Zeit und Materie ein und bekommen die Möglichkeit, Materie zu assimilieren, sie zu formen, sich in ihr auszudrücken – und jeder erscheint im individuellen Leib – verklärt, wie der Leib Christi nach seiner Auferstehung, dem wir „gleichgeformt" werden (Röm 8,29). Das ist wieder so unvorstellbar, wie die Verheißung gültig ist. Auf diese Weise nimmt jeder wieder Teil am Ende der Heilsgeschichte.

6. Solange man noch gesund ist, sollten diese Lebensaussichten eintrainiert werden, damit sie fruchtbar werden, wenn die Kräfte nachlassen. In der Allerseelenzeit des Kirchenjahres könnte jedes Jahr Hilfe gegeben werden zur Einübung dieser ars moriendi, zur „Einübung in das Hinübergehen".

Das Sterben (Lk 20,38; 23,43)

Die Schwelle ——— der individuelle Tod
Todesfurcht ——— Todesangst
Ars moriendi ——— „Sterbekunst“

Trennung von Leib und Seele

Seele – Psyche = Bewußtsein + Unbewußtes + sensitive und vegetative Kräfte + Ich-selbst.

Schallmauer – Raummauer – Zeitmauer

↓ nirgends überall
↓ V → G ← Z

Bewußtseinserweiterung

> Nicht ein Tropfen im Meer –
> ich selbst will weiterleben!

Offenes Gegenüber mit Christus – Werdeschmerz – Fegfeuer

Himmel – Seligkeit und freudiges Erwarten der Auferstehung des Leibes

Ars moriendi – Einübung in das Hinübergehen.

23

Die apokalyptischen Reiter

Apokalypse 6,1–8

1. Der weitere Gang der Heilsgeschichte ist Zukunft, und damit sind wir angewiesen auf die prophetischen Aussagen der Schrift, besonders der Geheimen Offenbarung oder Apokalypse (Apk). In symbolische Bilder ist hineingeheimnist, „was hernach geschehen muß" (Apk 4,1).
Wie auf sieben Filmstreifen rollt das heilsgeschichtliche Geschehen der Zwischenzeit ab, jedesmal unter anderen Aspekten. Sie alle sind gleichzeitig, so daß man die Filme aufeinanderlegen und sie zusammen projizieren könnte um das Ganze zu bekommen. Ihnen allen ist das Schema gemeinsam: Durch alles erdenkliche Elend, besonders der Christen, zur Wende im Eingreifen Gottes.

2. Da reiten die sog. vier apokalyptischen Reiter durch die ganze Zwischenzeit, d. h. immer. Was sie darstellen, darunter leidet die Welt an irgendeinem Ort: Völkerkrieg – Bürgerkrieg – Hungersnot – Tod. Sie alle bringen immer dasselbe: sie verursachen Schmerzen. Schmerzen sind wie die Notenlinien der ganzen Komposition auch der Zwischenzeit, aber diese Notenlinien krümmen sich wie ein getretener Wurm. Muß das sein? Ist die Welt ein Kummerhaus? Und nur die Tür aus der Welt hinaus führe ins Schmerzfreie? Soll das die Erlösung bringen?

3. Die Anklagen gegen Gott angesichts dieser Übel in der Welt (Theodizee) werden dringender und erschwe-

ren den Glauben an den Vater Jesu Christi, der ein Gott der Liebe sein soll.

Moderne Anklagen lauten:

> Wollte Gott ein Labyrinth bauen,
> in dem die ganze Menschheit sich verirren sollte?[37]
>
> Die Gottheit verfolgt dich mit Dasein
> und setzt die Wegweiser krumm.[38]

4. Auch folgende Antworten beruhigen nicht: Braucht denn Gott den Schmerz, weil man sonst nicht an ihn denkt? Not lehrt immerhin beten! Aber solche Pädagogik wäre zynisch.
Oder steckt in den Schmerzen etwas wie eine magische Kraft, die uns Gott näher bringt, ihn besser verstehen läßt, sogar in Kontakt mit ihm bringt, so daß man die Schmerzen geradezu suchen müßte, in einer Art Leidensmystik? Aber das erinnert zu sehr an den Schmerzensrausch der heidnischen Schamanen[39]. Andere meinen: Mit unseren Schmerzen partizipieren wir an den Schmerzen Christi über die weiteren Sünden in der Welt. Sie seien ein Mitleiden mit Christus. Aber leidet er wirklich noch seit seiner Erhöhung? Das kann man nicht beweisen[40].

5. Es gibt keine Antwort über Ijob hinaus[41]. Auch Christus gab keine Antwort über den Sinn der Leiden. So bleiben nur zwei Tatsachen:
a) Christus verlangt von seinen Jüngern ihr „Kreuz" auf sich zu nehmen (Lk 14,27).
b) Seinem Todesschmerz folgten die Freuden der Auferstehung, d. h. der Schmerz ist nicht das Letzte.
Damit ist alles Vertröstung auf die Zukunft. „Ich bin überzeugt, daß die Leiden der Zeit nichts bedeuten im

Vergleich zu der Herrlichkeit, die an uns offenbar werden soll" (Röm 8,18).
Das ist unannehmbare Vertröstung auf ferne Zukunft, wird den Christen geantwortet! Das bedeute Ausweichen vor der Härte der Frage!

6. Wenn aber diese Vertröstung die einzig wirkliche *Tatsache* wäre? Ist denn Vertröstung so etwas Unmenschliches? Die Zeitansage von der Wiederkunft mit dem Durchbrechen des Reiches Gottes ist zwar keine Antwort auf die Schmerzensfrage, aber sie weist auf eine Tatsache hin, von der alles abhängt. Wenn diese im Glaubensbewußtsein verankert ist, wird aus der Vertröstung Hoffnung, und die Sprache der Welt tönt anders: „Die ganze Schöpfung seufzt und liegt in Geburtswehen" (Röm 8,22).

Lege das Ohr, wohin du willst.
Es ist alles Prophetie.[42]

Die apokalyptischen Reiter (Apk 6, 1–8)

Die Zukunft der Heilsgeschichte – Prophetie –
Apokalypse
Die Reiter – Völkerkrieg – Bürgerkrieg –
Hungersnot – Tod

– immer
– Schmerz

Anklagen gegen Gott ——— Theodizee

2 Tatsachen:
1. Kreuzannahme
2. Tod → Auferstehung

Vertröstung ——— Hoffnung
↑
Das entscheidende
Ereignis: Wiederkunft

Lege dein Ohr, wohin du willst.
Es ist alles Prophetie!

24

Die Taktik des Antichrist

Lukas 18, 8

1. Der rote Faden durch die Apokalypse ist das Schicksal der Christen, ihre Verfolgung und endliche Befreiung. Eine gegnerische Macht ist am Werk, sichtbar in einzelnen Persönlichkeiten, in Gruppen oder auch geistigen Tendenzen. Nach der Prophezeiung werden die Angriffe gegen die Endzeit zu immer stärker, alles verdichtet sich und treibt einem zusammenfassenden Höhepunkt zu in der Erscheinung eines Gegners Christi und der Christen, des Antichrist. Er hat viele Vorausbilder, aber in ihm, dieser Persönlichkeit, steigert sich der Angriff gegen die Christen so, daß alle zum Abfall kämen, wenn diese Tage nicht verkürzt würden (Mk 13, 20).

2. Man kann sich Gedanken darüber machen, mit welcher Taktik ein Antichrist vorgehen könnte[43]: Mit einer Verbindung von politischer Macht und geistiger Verführung. Sicher mit Gewalt! Er bringt den Weltfrieden, es gibt keine Völkerkriege mehr, nur noch Polizeiaktionen. Technisch ist die Welt auf eine Weltregierung hin vorbereitet. Wer sich wehrt, wird wirtschaftlich boykottiert (Apk 13, 17). Das ist brutale Christenverfolgung – sie wird sicherlich auch als inhuman verschrien und deshalb durch eine raffiniertere Taktik weithin verdeckt. Viel wirksamer wird auf die Dauer eine nicht-politische geistige Verführung sein.

3. Eine physikalische Klimaänderung kann alles natürliche Leben verändern. Ein auf lange Sicht hin produziertes geistiges Klima dringt noch tiefer und verformt auch das religiöse Leben. Das Ziel wäre, die Menschen so in ihrem Denken und Fühlen zu verändern, daß sie immun werden gegen das Evangelium. Humane Religiosität wird das aufkommende Neue. Das Christentum mutet dann an, wie ein „abgegessener Tisch" (Rilke), wie ein „Bahnhof, auf dem kein Zug mehr ankommt", wie ein „verlassenes Elektrizitätswerk, in dem man sich bei Gewitter nur noch unterstellen kann". Öffentliche Meinung, durch langfristige gezielte Propaganda produziert, erzeugt einen denkerischen Sog, dem sich die Masse schwerlich entziehen kann. Sie wird incapax dei – unfähig, Gott zu ahnen, allergisch gegen das Wort Gottes und aggressiv gegen die Zumutung, sein Kreuz anzunehmen.

4. Eine der ersten Früchte solchen Vorgehens ist die Unterminierung der Lehre von der Unsterblichkeit der Seele. Wenn es ein individuelles Weiterleben nach dem Tode nicht gibt – diese Meinung ist weiter verbreitet, als es offenbar ist, auch innerhalb der Christenheit –, dann laßt uns doch das Sterben menschenwürdig und schmerzensfrei gestalten! Das wäre human und konsequent.

5. Nicht die Kultur des Individualismus und nicht die Befreiung der Sexualität sind so effektiv für eine antichristliche Taktik, wie das Festlegen auf das soziale Element, das Kollektiv. Die moralischen Grundsätze der Nächstenliebe werden zwar als human benützt für die Errichtung einer gesitteten Gesellschaft – aber natürlich ohne den „Aberglauben" an die Erlösung damit zu verbinden. Christus ist ein überholter Menschentyp, der der humanen Weiterentwicklung der Menschheit im

Wege steht. Nicht mehr gut und bös sind entscheidend, sondern sozial und unsozial. Das Sozialgehäuse ist die Welt, in der man sich einrichtet.

6. Die Auswirkung des politischen Erfolges des Antichrist, Friedensstifter und Wohltäter der Menschheit in einem, dazu das Gefühl unter dieser mächtigen Hand geborgen zu sein und mit allen zu ihm zu gehören, ruft Verehrung wach. Eine religiöse Faszination geht von ihm aus, und die ganze natürliche religiöse Naturkraft der Seele wird wachgerufen und gesättigt. Meint vielleicht die Verheißung des Kommenden diesen groß angelegten Menschen? – So wird gefragt werden. Sein weltumspannender Erfolg wird auch die Christen täuschen, und niemand merkt seinen Haß gegen Christus.
Den Menschenstoff religiös verändern, das ist die wirksamste Taktik. „Wird der Menschensohn, wenn er kommt, auf der Erde noch Glauben finden?" (Lk 18, 8), das heißt, es werden ihn nicht mehr viele erwarten.

7. Wieder zeigt sich das Grundmuster der Heilsgeschichte. Innergeschichtlich zeichnet sich immer ein Untergang ab, wie von Israel zu Christus, wie im Leben Christi, und nun soll es so weitergehen in der Zwischenzeit bis zur Wiederkunft. Jedesmal jedoch folgte auf den Untergang die Rettung[44].
Die Absichten Gottes setzen sich auf eine Weise durch, die Menschendenken übersteigt. Was steht im Hintergrund? Herr Satanas? Daß es diesen geben müßte – das ist der quälende Kummer. Um was geht es in diesem Kampf? Um die Schöpfung? Um die Menschen? oder noch um etwas anderes, Unbekanntes?

Die Taktik des Antichrist (Lk 18, 8)

Verdichtung der Verfolgung – Vorgänger – Antichrist

1. Gewalt – Weltfrieden – wirtschaftlicher Boykott – „inhuman“

2. Geistige Verführung – Veränderung des Menschenstoffes

↓

„incapax Dei“

↙ ↘

für das „Wort“ — für das Kreuz

Unsterblichkeit der Seele – schmerzenfreie Sterbehilfe

Das soziale Element – Nächstenliebe ohne Christus

Religiöse Faszination – ist er der Verheißene?

Das Grundmuster der Heilsgeschichte:

> Aus dem Untergang zur Rettung

25

Die Wiederkunft

Matthäus 24,29–31

1. Je mehr wir uns in der Vorstellung der Wiederkunft nähern und sie wirklich geschehen soll, desto zwiespältiger wird uns zumute: Natürlich ist das prophezeit, aber wie soll das geschehen? Die Vorstellungen reichen vom realistischen Mißverstehen des „Kommens auf den Wolken", bis zur Ablehnung jeder Vorstellung, wodurch die Wiederkunft als unverbindlich in den Hintergrund des Denkens gedrängt wird.
Es wird hier versucht, einen Mittelweg aufzuzeigen. Die verheißene Wiederkunft ist ja die einzige religiöse Tatsache, die uns zwingt, aus dem bloß *gedachten* religiösen Weltbild auszusteigen und mit harter Wirklichkeit konfrontiert zu werden. Sollte unsere Religion tatsächlich in Realität übergehen?

2. Drei Prophezeiungen aus dem Evangelium müssen real genommen werden.
a) Wie bei der Himmelfahrt wieder verheißen, wird Christus persönlich in diese Welt hereinkommen, „mit Macht und Herrlichkeit" (Mt 24,30). Es ist der Tag des Herrn, der Tag Christi – seine Zeitansage geht jetzt in Erfüllung.
b) Dieses Ereignis geschieht in einer Weltsituation, in der es niemand erwartet. Wie in den Tagen Noachs (Lk 17,26–27) gehen alle ihrer Alltagsarbeit nach, und dann ereignet es sich.

Der Herr bricht ein um Mitternacht;
jetzt ist noch alles still.
Er kommt, wenn niemand nach ihm fragt,
noch es für möglich hält. (Gotteslob 567)

c) „Wie ein Blitz in der Nacht" (Lk 17,24), den niemand übersehen kann, so wird die ganze Welt ihn erkennen und erschrecken.

3. Wie wird sich dieses wichtigste christliche Ereignis der Zukunft in unserer Welt auswirken? Die religiöse Phantasie muß beim Versuch einer Antwort scharf gezügelt werden, um Phantasterei zu vermeiden. Doch gibt es Erfahrungslinien in dieser Welt, die weiterpunktiert werden können.
a) Ein Kind hat Angst – die Mutter kommt. Ihr Kommen nimmt alle Angst und schenkt Sicherheit.
b) Zwei Kinder streiten – der Vater kommt, seine Autorität befriedet.
c) In einer Schulklasse geht alles drunter und drüber – der Lehrer kommt. Die Ausstrahlung seiner Persönlichkeit (das macht den echten Erzieher aus) schafft Ordnung, bevor ein Wort gesagt ist.
d) Ein Verkehrsunfall, keiner weiß im Schock was zu tun ist – der Arzt kommt. Alles hört auf seine Anordnung.
Wenn nun einer käme, der wirken würde wie Mutter, Vater, Lehrer, Arzt zusammen, und dies im Weltformat – der müßte mehr als ein Mensch, der müßte Gott sein. Neben ihm würden alle anderen Lichter erlöschen (Mt 24,29). Niemand hat das je gesehen, aber es ist prophezeit.

4. Solche Machtausübung geschieht nicht militärisch, auch nicht durch Regieren (das tun Minister); früher

hieß das „herrschen". Wenn der Herrscher wie eine Majestät kam, war er der Orientierungspunkt und zog alle Aufmerksamkeit auf sich wie ein Magnet. Bei der Wiederkunft Christi wird sich dies im Welthorizont ereignen.

5. Seine Macht ist die Ausstrahlung seiner Person, sie ist geistiger Art und verändert die geistige Atmosphäre: Irrtum erlischt, Bosheit verliert alle Kraft, das Häßliche verschwindet; die Wahrheit bricht durch, das Gute wird attraktiv, das Schöne leuchtet auf – und alle schöpferischen Kräfte der Menschen erwachen.

6. Das Christusbild der Wiederkunft ist erregend und voller Glanz; entfaltete Menschlichkeit; ein Gottmensch von Weltformat; der Sohn Gottes, der in sein Eigentum kommt; der Herr der Welt.

Die Wiederkunft (Mt 24,29–31)

1. Christus persönlich – „mit großer Macht und Herrlichkeit“ – die Zeitansage geht in Erfüllung

2. Plötzlich – „wie in den Tagen Noachs“ (Lk 17,26–27)

> „Der Herr bricht ein um Mitternacht ...
> Er kommt, wenn niemand nach ihm fragt,
> noch es für möglich hält.“ (Gotteslob 567)

3. „Wie ein Blitz“ – erkannt im Welthorizont

Das Kommen:	Kind und Angst	–	die Mutter
	Kinder und Streit	–	der Vater
	Schulklasse	–	der Lehrer
	Verkehrsunfall	–	der Arzt

Christus kommt in sein Eigentum

Irrtum erlischt	–	die Wahrheit bricht durch
Bosheit wird kraftlos	–	das Gute wird attraktiv
Häßliches verschwindet	–	die Schönheit leuchtet auf

Geistige Ausstrahlung der göttlichen Person.

26

Die Auferstehung der Toten

1 Korinther 15, 35–53

1. Das ist ein deutliches Bild: Bei der Wiederkunft Christi rufen die Posaunen die Menschen aus den Gräbern hervor, „zur Auferstehung der Toten". Oft wurde diese Szene gemalt und die Vorstellung davon prägt heute noch viele, bewußt oder unbewußt. Aber die Leiber in den Gräbern sind vergangen, sie können nicht mehr belebt werden – und das Bild löst sich auf in den Satz, daß am Jüngsten Tag die Seelen wieder mit einem Leib verbunden werden.

2. Wie könnte das geschehen? Die Seele, vollgesogen mit den Lebenskräften der ewigen Seligkeit, bekommt wieder die Möglichkeit, ihre vegetativen und sensitiven Anlagen in Kontakt mit Materie zu bringen, Materie zu assimilieren, sie umzuformen, sich in ihrer ganzen Individualität auszudrücken, und jeder erscheint im Leibe. „Materie tritt unter die Ausdruckskraft der Seele."[45] „Leib ist das, was die Seele sich als ihren körperlichen Ausdruck baut."[46] Das Staunen über das in die Erde gesenkte Samenkorn, das gezielt die Nährstoffe aufnimmt, assimiliert und umformt, könnte eine Denkrichtung für den neuen Leib andeuten.
Im Unterschied zum jetzigen Leib der „Vergänglichkeit", ist es der durch individuelles Gericht, Fegfeuer und Himmel völlig ausgereiften Seele möglich, die Plastizität der Materie ganz auszuspielen, sie seelisch, geistig so zu durchdringen, daß man sagen könnte, ein „geistiger

Leib" entsteht. Der Leib wird mit „Unvergänglichkeit bekleidet" (1 Kor 15,53). Er wird „gleichgeformt" dem Leibe Christi, der als Erstgeborener dieser neuen Seinsweise das Maß darstellt.

3. Wie das geschieht, ist unvorstellbar[47], aber daß das als reale Möglichkeit vorhanden ist, ist genauso wahr, wie die Auferstehung Christi (mit dem Unterschied, daß er den im Grabe liegenden und noch nicht verwesten Leib wieder beseelte und verwandelte). Seine Auferstehung ist Gewähr für unsere Auferstehung. Es ist sein Wille, daß es geschieht: „Wer von diesem Brote ißt, den werde ich auferwecken am letzten Tag" (Jo 6,6.54).

4. Offene Fragen schließen sich an: Sind mit Leib auch Raum und Zeit gegeben? Die Worte „neuer Himmel und neue Erde" (Apk 21,1), die auch die menschlichen Dimensionen von oben und unten ausdrücken, deuten darauf hin. – Gott wird unter den Menschen wohnen (Apk 21,3) – könnte es sein, daß die Trennwand zwischen Zeit und Ewigkeit wegfällt und zusammengerollt wird wie eine Pergamentrolle? Daß die Trennwand – die Todeszone – jetzt schon durchlässig ist, zeigen Erscheinen und Verschwinden des auferstandenen Herrn an. Was könnte das für ein Leben sein? Alle diese Fragen bewegen nur den „Vorhang", hinter dem die Geheimnisse verborgen sind.

5. Fragen dürfen wir, auf die Antwort sollten wir taktvoll warten. Wenn Christus darüber nichts offenbarte, bedeutet dies, daß wir die Antworten für unser Glaubensleben nicht brauchen. Wir sollten taktvoll sein Schweigen respektieren. Auch er schätzt taktvolles Verhalten. Im Hintergrund trägt das Vertrauen in seine göttliche Schöpfermacht.

Die Auferstehung der Toten (1 Kor 15,35–53)

Das Bild: aus den Gräbern hervorkommen.

Die Wirklichkeit: Die Seele assimiliert Materie,
formt sie um,
drückt sich in Materie aus –
der individuelle Leib erscheint.

Die ausgereifte Seele –
der verklärte Leib –
„ein geistiger Leib" –
„Gleichgestaltet dem Erstgeborenen".

Die Unvorstellbarkeit → die Gewißheit → die Gewähr:

die Auferstehung Christi.

Alle unsere Fragen bewegen nur den Vorhang.

27

Das Weltgericht

Apokalypse 16–20

1. Die Wiederkunft leitet das Ende der Zwischenzeit ein. In zwei Akten werden ihre Mächte überwältigt: Im offenen Durchbruch des Reiches Gottes, und vorher im Weltgericht, oder dem Jüngsten Gericht.
Viermal wird dabei der Ausgang des Kampfes zwischen Gut und Bös geschildert: Babylon – Tier – Satan – Tod.

2. Eine antichristliche Macht erscheint im Bild der großen Stadt Babylon (die Geschichte vom Turmbau von Babel steht im Hintergrund). Sie liegt an vielen Flüssen und Gewässern, die „Menschenmassen, Völker und Nationen" bedeuten (17,15), d.h. die Stadt Babylon ist überall vorhanden. Sie ist Zentrum von Kultur und Handel.
Ihr Geheimnis ist „Hurerei", Unzucht, was in den hl. Schriften immer Abgötterei bedeutet, d.h. Vergötzung von nicht-göttlichen Dingen. Sie wird Hure genannt, d.h. sie ist ohne jede Bindung; trotzdem will sie nicht wie eine Witwe über Verlassensein trauern (18,7). Ihre ganze antichristliche Geistigkeit, alle gegenchristliche Philosophie, Ideologien und Lebenslehren enthält ihr Becher wie „Unrat", den sie den Völkern reicht und die alle daraus trinken. Sie aber geht an sich selbst zugrunde, die Uneinigkeit ihrer Anhänger zerstört sie: „Denn Gott lenkt ihr Herz so, daß sie seinen Plan ausführen" (17,17). Dies ist das Ende aller antichristlichen Kultur in der Menschheit.

Das Gericht über das Tier – der Antichrist – und seine Anhänger besteht in der Überwältigung durch das „scharfe Schwert", das aus dem Munde Christi kommt, des Reiters auf dem weißen Pferd (19, 15), d. h. die Wahrheit bricht durch und macht das ganze Verführungswerk zunichte; Satan wird durch „Feuer vom Himmel", d. h. durch göttliche Macht, vernichtet und in den Feuersee geworfen – ein unausdenkbares Ende, wenn es ins Geistige übersetzt wird. Zuletzt trifft das gleiche Schicksal den Tod und seinen Machtbereich, die Unterwelt.
Was ist das Echo der Geretteten auf das Weltgericht? „Wahr und gerecht sind deine Gerichtsurteile" (16, 7).

3. Was bedeutet das alles? Gottes Macht siegt über alle antichristlichen Mächte. „Gott ist nicht nur den Menschen überlegen." Keine Macht kann ihm widerstehen. Alle geheimen Drahtzieher kommen ans Tageslicht und ihre Masken fallen, sie erfahren den Zorn Gottes. Wenn auch nirgends von der Faust Gottes die Rede ist, sondern nur von der Hand Gottes, so würde man bei einem menschlichen Richter angesichts des Ausmaßes des Gerichtes vielleicht doch sehen, wie seine Hand zittert.
Soweit kann man mit Genugtuung zustimmen, aber noch bleibt die Frage: Was dann? Gericht und Strafe über die Übeltäter beantworten nicht die Frage nach dem Warum dieses oft grausamen Unternehmens der ganzen Heilsgeschichte. Das Geheimnis des Schmerzes in der Welt ist immer noch nicht geöffnet.

Das Weltgericht (Apk 16–20)

Ende der Zwischenzeit –
Gericht über die Weltgeschichte

1. Die Stadt Babylon	——	Hure – beziehungslos; alle antichristliche Kultur; Fall durch eigene Uneinigkeit
2. Das Tier	——	der Antichrist – das Schwert der Wahrheit
3. Satan	——	Anstifter alles Bösen – Feuer vom Himmel
4. Tod und Unterwelt	——	Vernichtung

„Wahr und gerecht sind deine Gerichtsurteile"
Apk 16,7

Gott ist allen Mächten überlegen!

28

Die letzte Frage

Apokalypse 21, 4

1. Trotz all der Herrlichkeiten, die verheißen sind, kann noch keine rechte Freude aufkommen. Es quält die Frage: Was soll das ganze Unternehmen der Heilsgeschichte angesichts des unüberschaubaren Totentanzes in der Menschheit, der unendlichen Schmerzen, die erlitten wurden, schuldig und noch mehr unschuldig? Daß die Passion Christi Erlösungskraft hatte, wird uns gesagt; aber die Frage wiederholt sich nur: Warum durch Leiden? Soll wirklich das Wort des innerlich gebrochenen Ijobs die letzte Haltung aussprechen, angesichts der Rücksichtslosigkeit des übermächtigen Weltgeschehens: „Ich lege meine Hand auf meinen Mund!" (Ijob 40, 4), d. h.: Ich frage nichts mehr, ich klage nicht mehr, aber ich kann auch nichts verstehen[48]. Soll Schmerz nur Erziehungsmaßnahme und Reifungswerkzeug sein? Alle Denkversuche sind ungenügend.

2. Ein letztes Aufbäumen schreit Gott ins unsichtbare Angesicht: Es ist alles frivoles Spiel mit deinen Geschöpfen, auch wenn am Ende Belohnung in Aussicht gestellt wird! So ein Aufschrei ist zu verstehen – aber er macht aus Gott einen Dämon. Also kann es nicht so sein. Man darf Gott nicht verdächtigen. „Gott hat nie seine Unterschrift" unter eine Antwort auf die Frage nach dem Sinn des Übels in der Welt gegeben, sagt ein Vergleich; aber ihm gegenüber haben wir auch kein Recht, sie zu verlangen. In ein friedlicheres Bild übersetzt heißt das (zum Nachdenken, wenn gerade nichts weht tut):

Der Wald steht schwarz und schweiget,
kalt ist der Abendhauch.

So könnte mit den Versen von Matthias Claudius die Stimmung der fragenden Menschheit ausgedrückt werden. Und am Schluß der Matthäus-Passion von J. S. Bach singt der Chor: „Wir setzen uns mit Tränen nieder" – d. h. in Ergebung. Aber gerade das können wir nicht mehr; die erste Hälfte des 20. Jahrhunderts hat es uns verdorben. Der Protest wird heute lauter. Vielleicht kann folgender Hinweis hilfreich sein.

3. Es gibt einen Satz in der Apokalypse, der zwar auch keine Antwort gibt, aber eine Bewegung in Gang bringt: „Er wird alle Tränen von ihren Augen abwischen" (21,4). Nicht um sie vergessen zu machen, nicht um bloß zu vertrösten. Eine *verstehende* Hand wischt die Tränen ab. Und wer je gesehen hat, wie bei einem weinenden Kind ein Lächeln langsam sein Gesicht verwandelt und verzaubert, der ist Zeuge einer inneren Bewegung. Ein im Leben wie im Glaubensleben erfahrener Christ drückt solche innere Wende gegen Ende seiner Lebenszeit in die schwer erkämpften Worte aus: „Gott wird mir schon verzeihen, ich verzeihe ihm ja auch."[49] Das ist nicht anmaßende Resignation, sondern einfach Respekt vor einem Geheimnis Gottes, das er bisher nicht sagen will.
Aber jetzt wäre es möglich eine *Ahnung* zuzulassen, die zu Gottes Gunsten spricht – daß vielleicht doch die ganze Heilsgeschichte ein alles Geschöpfliche sprengendes Projekt sei, dessen Ende ein göttliches Liebesgeschehen wäre, von einem Ausmaß, das nur ein Gott sich ausdenken könne. Das allein wäre Gottes würdig! Vielleicht sagt er einmal etwas darüber, vielleicht enthüllt er es ohne Worte, weil es „unsagbar" (2 Kor 12,4) ist, wenn

unser Fragen in Schauen übergeht. Das zerbrochene Herz des alttestamentlichen Ijob würde sich dann in einer christlichen Bewegung des Vertrauens und Zutrauens aufrichten und sich Freude einstellen können über die kommenden Herrlichkeiten.

4. Nicht Worte, sondern Erleben und Schauen dürften solchem Geschehen gemäß sein. Musik läßt das am ehesten ahnen, wenn die abschließenden großen, langsamen Wellen des Alleluja der Psalmensymphonie von Strawinski erklingen. Ein Visionär christlichen Lebens schreibt von einer Musik im Reiche Gottes. Wenn wir sie jetzt schon hören könnten, würden wir niemals „je krank werden oder altern“ [50].

Die letzte Frage (Apk 21,4)

Gott ——— und der Totentanz der Menschheit
Gott ——— und Erlösung durch die Passion Christi

„Warum durch Leiden?“

Man darf Gott nicht verdächtigen!

„Er wird alle Tränen von ihren Augen abwischen“

Nicht Worte – sondern innere Bewegung –
Ahnung – Schauen.

29

Der neue Himmel und die neue Erde

Apokalypse 21,5

1. Es gibt Gottesworte von schöpferischem Rang; so am Anfang der Heilsgeschichte und an ihrem Ende: „Es werde Licht" (Gen 1,3) – „Seht, ich mache alles neu". In die Sixtinische Kapelle malte Michelangelo den Finger der Schöpferhand Gottes, der Adam berührt und Leben gibt. Im Bild vom Jüngsten Gericht erhebt Christus, durch den alles geschaffen wurde, seine Hand zu einer großartigen Gebärde: Das Gericht ist geschehen! Sie kann zugleich das Zeichen sein zum zweiten Akt am Tag der Wiederkunft: Die Neuschöpfung. Die ganze Schöpfung wird umgewandelt zum „Königspalast" Gottes, der Engel, der Menschen, Tiere, Pflanzen usw. Die Lebensbedingungen werden für alle gelten, denn der Engel mißt mit einem goldenen Maßstab, der „Menschen- und zugleich Engelmaß" ist (21,17).

2. Wie wird der Übergang von der alten zur neuen Schöpfung sein? Zerstörung oder Umformung – Diskontinuität oder Kontinuität?[51]
Es gibt viele Propheten des Weltuntergangs, z.B. der Zeichner Kubin, der Dichter Kafka, der Lyriker Trakl; drei sog. „apokalyptische" Künstler, aber jedesmal handelt es sich um Weltuntergang ohne Wiederkunft. Das ist keine christliche Aussage, der Christ sollte vom Jüngsten Tag sprechen. Wohl gibt es im Neuen Testament Sätze über kosmische Katastrophen (die heute im Zeitalter der Atomwaffen eine neue Aktualität) bekommen[52]:

„Brennendes Land“ = verbrannte Erde (Apk 8,7); das Wasser wird „bitter“ = verseuchte Flüsse und Meere (8,10–11); die Leuchtkraft der „Gestirne“ geht verloren = Luftverpestung und Atomstaubwolken (8,12). Ein bilderreicher pessimistischer Vers spricht von solchem Menschenwerk:

> Morgen wird das letzte Sternbild erschossen,
> dann sind alle Welten dunkel[53].

3. Läßt Gott wirklich seine Schöpfung zerstören, oder wird eine Sekunde vor dem jetzt möglichen, durch Menschenhand herbeigerufenen Weltuntergang die Wiederkunft stattfinden? Keiner der Sätze über kosmische Katastrophen spricht eindeutig vom Untergang dieser Schöpfung, es sind Gerichtsaussagen in Bildern, aber keine naturwissenschaftliche Feststellungen[54]. Nur „die *Gestalt* dieser Welt vergeht“ (1 Kor 7,31), sie „soll von der Sklaverei und Verlorenheit befreit werden“, sie „wartet sehnsüchtig“ und „seufzt und liegt in Geburtswehen“ (Röm 8,18–22). Das erste „Stück“ Wirklichkeit davon ist der verklärte Leib des Auferstandenen[55].

4. Nur in Bildern ist eine Ahnung von diesem Ereignis zu bekommen: Jede Morgenröte weist hin auf die Sehnsucht nach Verwandlung. Das Aufblühen der Bäume nach langer Winterzeit berührt jedes Jahr wie ein wunderbares Geschehen. Und wenn aus der Raupe durch das Stadium der Verpuppung hindurch ein Schmetterling ans Licht kommt, ist das immer ein Hinweis auf neue Möglichkeiten.
Ein Unterschied zu diesen Vergleichen ist festzuhalten. Alle diese neuen Formen sind bereits in vorhergehenden Stadien angelegt, die sich entwickeln. Die neue Schöpfung jedoch ist nicht Ergebnis einer Entwicklung durch menschliches Handeln, im Gegenteil, dieses würde – wie

die gegenwärtige Situation es ahnen läßt – Zerstörung bewirken. Der Endzustand der Schöpfung ist allein zurückzuführen auf ein neuerliches Eingreifen der Schöpfermacht Gottes. „Von Gott her aus dem Himmel" (Apk 21,2) wird die Stadt Jerusalem herabkommen, die ein Bild ist für die neue Schöpfung. Die umformende Kraft Gottes schafft aus der alten Welt die neue. Das ewige Weltfest zwischen Christus und der Schöpfung steht vor der Tür. Das Christentum ist eine Religion im Welthorizont, und für die Welt, und braucht kosmisches Bewußtsein.

Der neue Himmel und die neue Erde (Apk 21,5)

„Es werde Licht" — „Siehe, ich mache alles neu"

Der Übergang

Weltuntergang	Der jüngste Tag
Diskontinuität	Kontinuität
Neuschöpfung	Umformung

„Die Gestalt dieser Welt vergeht."

Das Vorbild: Der Auferstandene

Vergleiche: Morgenröte
Frühling
Schmetterling

„Von Gott her aus dem Himmel" –
die umformende Kraft Gottes.

Das ewige Weltfest
zwischen Christus und der Schöpfung!

30

Das individuelle Leben im Reiche Gottes

Apokalypse 2 und 3

1. Es ist nicht unerlaubte Neugier, einige Sätze der Apokalypse über das Leben im Reiche Gottes zu befragen. Die sieben Sendschreiben enthalten neben Anrede, Lob, Tadel und Drohung auch sieben Verheißungen, die, zusammengestellt, von Ferne einen Hinweis geben für das Leben des einzelnen auf dieser „neuen Erde". Drei davon seien hier gedeutet[56].

2. Dem „Sieger" – so wird jeder genannt, der nicht vom Glauben abfällt und sein Leben gläubig besteht – „will ich einen leuchtenden Stein geben und auf dem Stein steht ein neuer Name" (2,17). Der Edelstein deutet auf eine Kostbarkeit hin, den neuen Namen.
Schon die Namensgebung der Tiere durch Adam, die gewiß keine zoologische Etikettierung war, veranlaßt Namensgebung tiefer zu erfassen. Zum echten Namen gehören drei Elemente: Etwas vom Wesen eines Menschen erfassen (wie schon beim Spitznamen); dieses bejahen (so beim Kosenamen); und damit Mut machen, auch *so* zu sein. Der Anruf mit dem richtigen Namen bewirkt daher Selbstverwirklichung. Daß viele Menschen überhaupt nie auch nur mit einem Teil ihres Namens herausgerufen werden und sie daher dumpf in sich verschlossen bleiben, ist ein weitverbreitetes Leiden in den Zeiten der Vermassung und Entpersonalisierung. Zu sich selbst kommen, sein Wesen entfalten und verwirklichen kön-

nen, wäre Lust, Freude, Glück und ein Teil Sinnerfahrung. Der „Sieger" aber wird vom Herrn des Reiches Gottes in seinem Wesen erkannt[57], wie von niemand sonst, bejaht und damit herausgerufen zur vollen Selbstverwirklichung – der „neue Name".

Die Ausdeutung der „Namensgebung" läßt die Bildersprache der Apokalypse erkennen. Sie ist eine Mischung von mythologischer und Traum-Sprache; beiden war der Verfasser der Apokalypse näher als unsere Zeit.

3. „Der Sieger wird in ein leuchtendes Gewand gekleidet werden" (3, 5). Das Bild besagt etwas anderes als Taufkleid oder Gnadenkleid, wie oft zu lesen ist. Die Bedeutung der Kleidung wird gefragt, die nicht nur in Verhüllung und Schutz besteht.

Warum fühlen sich manche Frauen im blauen Gewand wohler und andere im grünen? Gibt es so etwas wie Eigenfarbe, passend zum Selbstgefühl? Das würde bedeuten, daß z. B. ein blaues Gewand das Wesen eines bestimmten Menschen besser ausdrücken würde als ein grünes: d. h. Kleidung ist auch Ausdruck des Trägers. Ein von innen her „leuchtendes Gewand" ist also Bild für „sich ausdrücken dürfen", wie man ist. Das ist in unseren Zeiten nur selten möglich, man würde ausgenützt, oft verspottet und verkannt werden; wir müssen uns tarnen und schützen. Das ist zu bedauern, aber notwendig. Wie menschenwürdig ist es dagegen manchmal im kleinen Kreis von Wohlwollenden Masken fallen zu lassen und sein zu dürfen, wie man ist! Das ist selten und von vielen nie erlebt. Im Reiche Gottes dagegen wird jeder bekleidet mit leuchtendem Gewand – sein Wesen leuchtet durch, wie bei den Kleidern Jesu in seiner Verklärung, wie ein „Duftmantel der Freude".[58] Das besagt, daß jeder sein darf, wie er ist – ohne jede Gefährdung.

4. „Wer siegt, den will ich zum Pfeiler im Tempel meines Gottes machen" (3,12). Das Bild öffnet sich bei der Vorstellung eines alten griechischen Tempels, mit den harmonischen Proportionen eines echten Kunstwerkes. Schade, daß eine Säule umgestürzt ist, sie wäre notwendig und ist unersetzbar für den Sinn des Ganzen! So notwendig und sinnvoll für das Reich Gottes wird jeder einzelne sein – unersetzbar. Wie schnell vergessen, leicht ersetzbar und unwichtig erfahren sich dagegen viele hier – sinnlos; ein weit verbreitetes Leiden in unserer Welt. Wer aber gläubig diese Welt besteht, wird sich so notwendig, unersetzbar und sinnvoll wie eine „Säule im Tempel" erleben. Das würde das Aufblühen, Befriedung und Erfüllung aller bedeuten, die „von Anbeginn der Welt" bei Gott Gnade gefunden haben[59]. Das Schöpfungsprojekt Gottes bewegt sich auf ein Ziel zu, in dem jeder Mensch als Individuum seine Vollendung findet – alle die Milliarden von Menschen! Wer solche Verheißung erfüllen kann, muß wirklich Gottes Sohn sein.

Das individuelle Leben im Reiche Gottes (Apk 2 und 3)

Der Sieger	——	der nicht abfällt und die Welt gläubig besteht
Der Name	——	das Wesen erkennen, bejahen, herausrufen. Selbstverwirklichung
Das Gewand	——	Verhüllung – Schutz Ausdruck „sich-ausdrücken-dürfen" wie man ist
Der Pfeiler	——	notwendig unersetzbar sinnvoll

Sinnerfüllung aller – die von Anbeginn der Welt bei Gott Gnade gefunden haben.

31

Das Leben der Gemeinschaft im Reiche Gottes

Apokalypse 21

1. Das Zusammenleben mit den Mitmenschen, das Gemeinschaftsleben wird im Bild der Stadt Jerusalem dargestellt, die „vom Himmel herabkommt", also Gottesgabe ist. In ihr wohnt Gott unter den Menschen und seine Ausstrahlung verwandelt das gesellschaftliche Leben.

2. Der große Bogen der Heilsgeschichte beginnt mit dem Garten des Paradieses und endet in einer Stadt. Nicht naturalistisch Hochhäuser und Straßenschluchten sind gemeint, sondern städtische Lebensart, Urbanität, d. h. Befreiung aus aller Enge und mit allen Möglichkeiten humaner Kultur. Der größte Gegensatz dazu, die nichtchristliche Zielvorstellung vom Meer, in das alles zurückfluten und sich darin auflösen wird wie Tropfen, läßt erkennen, daß der Gott der Christen seine Schöpfung zur Vollendung führen will.

3. Die Maße der Stadt werden in drei Dimensionen angegeben: Länge, Breite und Höhe. Die Zahl von je 12 000 Stadien ergibt, naturalistisch mißverstanden je 2400 km, symbolisch aber die göttliche Dimension (= 3) mit der irdischen (= 4) multipliziert und dies mal 1000, d. h. unübersehbar und doch nicht maßlos. Die geistige Beschaffenheit der Stadt, ihre Urbanität, ihre Verbindung von göttlicher und menschlicher Lebensart wird den ganzen Kosmos erfüllen.

4. Die Mauer der Stadt, das Bild für Schutz und Sicherheit, ist 144 Ellen hoch (= 70 m? = 3 × 4 × 3 × 4); aber ihre Tore öffnen sich in alle vier Himmelsrichtungen hinaus (wie die vier Ströme im Paradies), d. h. Jerusalem ist überall, urbanes Leben ist überall. Die Tore bleiben Tag und Nacht offen; die Schutzmauer wäre also nicht nötig. Es bleibt aber ihre Bedeutung, nämlich Schutz. In diesem Zusammenleben gibt es keinerlei Gefahr mehr für die Menschen.

5. „Die Straße der Stadt ist pures Gold, durchscheinend wie Kristall" (21,21). Naturalistisch genommen ist das ein Widerspruch, auch daß die Stadt nur eine und nicht viele Straßen habe. Aber das zwingt zur Frage nach der Bedeutung der Straße überhaupt. Wenn sich zwischen den vier Wänden das Privatleben abspielt, so bedeutet Straße dagegen Öffentlichkeit. Das öffentliche Leben in unserer Gesellschaft ist keineswegs wertvoll wie Gold oder gar durchsichtig. Das Gift der Intrigen und geheimen Drahtzieher lassen das öffentliche Leben viel eher vergleichen mit einer Straßenschlucht und ihrer durch Augogase verpesteten Luft. Das öffentliche Leben im Reich Gottes dagegen ist wertvoll wie pures Gold und durchsichtig wie Kristall. Die Widersprüche lösen sich auf in gegenseitig sich erhöhende Wirklichkeiten.

Das Gemeinschaftsleben im Reiche Gottes (Apk 21)

Das individuelle Leben – das Gemeinschaftsleben

Der Bogen der Heilsgeschichte

Paradiesgarten — Stadt Jerusalem

Stadt	– Urbanität – Befreiung von Enge – Kultur
Maß	– 12000 Stadien = 3 (göttliches Leben) × 4 (menschliches Leben) × 1000 = unübersehbar
Länge Breite Höhe	– Kosmos
Mauer	– Schutz und Sicherheit
Tore	– Himmelsrichtungen – urbanes Leben überall
Straße	– Öffentlichkeit
Gold Kristall	– wertvoll und durchsichtig

> „Die Straße der Stadt ist pures Gold, durchscheinend wie Kristall.“ Apk 21,21

32

Die Fülle des Lebens

Apokalypse 22, 1–2

1. Durch die Stadt Jerusalem fließt ein Strom mit klarem Wasser, lebendiges Wasser, „Wasser des Lebens". Aus der Fülle möglicher Bedeutungen sei eine herausgegriffen, die mit einem Wortspiel veranschaulicht werden kann. Wer Durst hat, kann aus dem Strom trinken, d. h. wer „Wissensdurst" hat, dessen Durst wird immer gestillt werden mit irrtumsloser Wahrheit, denn der Strom geht aus vom Throne Gottes, dem Ursprung aller Wahrheit.

Wer gesehen hat, wie Kinderaugen aufleuchten, wenn ihnen etwas erklärt wurde und sie es verstanden, der weiß, wie erweckend Erkennen ist; und wer seinen Wissensdurst stillt in Gesprächen, mit Büchern und sich durch viel Irrtum durchgekämpft hat zur befreienden Erkenntnis einer Wahrheit, der spürt, daß das irrtumslose Trinken der Wahrheit vom Strome des Lebenswassers seinen Wissensdurst immer größer machen und doch immer stillen wird.

2. Zu beiden Seiten des Stromes steht *der* Lebensbaum, der zwölfmal im Jahr Früchte bringt. Er stand schon im Paradies. Die lateinischen Kirchenväter dachten an einen Apfelbaum, die griechischen an einen Feigenbaum und die jüdischen Ausleger an einen Weinstock, je nach der umgebenden Kultur. Es bleibt die Vorstellung eines Fruchtbaumes als Symbol. Seine Früchte vermitteln ewiges Leben (Gen 3, 22).

Eine Frucht stillt den Hunger des Leibes für kurze Zeit, zudem tragen bei uns die Bäume nur einmal im Jahr

Die Fülle des Lebens (Apk 22,1–2)

Der Strom	——	Wasser des Lebens Durst „Wissensdurst" irrtumfreie Wahrheit
Der Lebensbaum	——	12 × im Jahr Früchte immer Fruchtbaum als Symbol Hunger „Lebenshunger"

„Ich bin gekommen, damit sie das Leben haben und es in Fülle haben." Jo 10,10

Früchte, und oft nicht sehr süße. Wieder in einem Wortspiel – der „Lebenshunger" wird hier nur sehr kärglich gestillt, und viele lassen ihn gar nicht ins Bewußtsein dringen wegen enttäuschender Erfahrungen. Im Reiche Gottes aber geht einer mit mehr Lebenshunger nie leer aus, denn der Lebensbaum trägt zwölfmal im Jahr Früchte, jeden Monat, d.h. immer. Und wer noch mehr Lebenshunger hat, dem wird Leben und Erleben in Fülle möglich sein. Das Versprechen Jesu wird erfüllt: „Ich bin gekommen, damit sie das Leben haben und es in Fülle haben" (Jo 10,10).

33

Die Völker im Reiche Gottes

Apokalypse 21,24 und 26; 22,2

1. „Man wird die Pracht und die Kostbarkeiten der Völker in die Stadt bringen" (21,26). Es wird demnach im Reiche Gottes die verschiedenen Völker geben. Der Schöpfungsentwurf mit der Vielfalt der Menschheit bleibt erhalten. Keine Einheitszivilisation, sondern das Eigenleben der Völker mit all ihren schöpferischen Gestaltungsmöglichkeiten in Kunst und Kultur wird als „Pracht und Kostbarkeit" beitragen zum ewigen Leben.

2. Dabei mögen selbst die Sprachen bleiben mit den verschiedenen Ausdrucksmöglichkeiten des Menschseins. Die Sprachgrenzen würden ähnlich überwunden werden wie beim Pfingstfest, als Vertreter von 15 verschiedenen Sprachen die Rede des Petrus verstanden (Apg 2,7). Die Wortseele (= Wortbedeutung) mag vom Gottesgeist gestärkt den Wortleib (= Wortklang) dermaßen durchstrahlen, daß die Bedeutung auch im fremden Wortklang erfaßt wird. Eine Vorahnung davon erfährt jeder, der begeisterter Rede zuhört und dabei schwierige Stellen zuerst erahnt und daraus das Verständnis wächst.

3. „Die Blätter des Lebensbaumes dienen den Völkern zur Heilung" (22,3). Das Bild ist von der ärztlichen Erfahrung genommen, daß Blätter bestimmter Bäume, auf Wunden gelegt, heilend wirken, hier heilend auf Wunden der Völker. Nicht nur das Unrecht, das ihnen angetan wurde, wird geheilt, auch ihre schlechten Charakter-

anlagen werden wie „Wunden" geheilt. Man mag darüber nachdenken, welches die guten und schlechten Seiten im Charakter des deutschen Volkes sind und wie sich die schlechten Seiten auswirkten; und so bei Russen, Japanern, Chinesen, Franzosen usw.

4. Der Baustoff der Stadt Jerusalem sind Edelsteine und Licht – Kostbarkeit und Licht des Geistes und des Lebens. Alle diese Verheißungen drängen auf einen Satz im 2. Korintherbrief (2, 9) hin: „Wir verkünden, ... was kein Auge gesehen und kein Ohr gehört hat, keinem Menschen in den Sinn gekommen ist: das Große, das Gott denen bereitet hat, die ihn lieben."

Die Völker im Reiche Gottes (Apk 21,24 und 26; 22,2)

Der Schöpfungs-entwurf	——	Vielfalt der Menschheit in Völkern.
Pracht und Kostbarkeit der Völker	——	schöpferisches Eigenleben in Kunst und Kultur
Sprachen	——	Ausdrucksmöglichkeiten der Menschheit – Sprachgrenzen – Pfingsten – Wortseele – Wortleib
Blätter des Lebensbaumes	——	Heilung der Wunden der Völker

„Wir verkünden ... was kein Auge gesehen und kein Ohr gehört hat.“ 1 Kor 2,9

34

Der Zukunftsbezug im Glaubensbewußtsein

Hebräer 6,5

1. Je mehr die Hoffnung auf die Wiederkunft das Denken beherrscht, umso mehr wird das Glaubensleben verändert. Die Vergangenheit ist Erbe, Reichtum und Last, der Boden auf dem wir stehen. Alles, was Gegenwart ist, steht unter dem Einfluß dieser Vergangenheit, ist von ihr verursacht. Wir schauen zurück, suchen die Ursache, denken *kausal.* Der Sündenfall z.B. ist Ursache für die kranke Welt, und diese wieder verursachte Erlösung usw.

Aber von der Zukunft geht ebenfalls eine Beeinflussung der Gegenwart aus. Wenn jemand langfristig etwas geheim plant, tragen alle seine Entscheidungen bereits eine innere Tendenz. Sie erkennt nur, wer den Plan kennt. Dann tasten wir alles ab nach dieser inneren Tendenz, die vom Ziel her geformt ist. Wir versuchen, vom Ziel her zu denken, *final.*

2. Den Christen ist der Plan Gottes mit der Welt teilweise geoffenbart. Alle Prophetien des Neuen Testamentes, besonders der Apokalypse, zeigen, daß alles, was geschieht, einem Ziel zugeordnet ist, der Wiederkunft und damit dem Durchbruch des Reiches Gottes. Deshalb sollte im Glaubensbewußtsein nicht nur von der Ursache her, sondern auch vom Ziel her gedacht werden, also nicht nur kausal, sondern auch final, auch wenn das ungeübt ist. Einige Beispiele sollen das zeigen.

Die Mobilität der Menschen im Westen ist verursacht durch die Entwicklung der Technik, kausal; aber sie bewirkt auch ein Offenwerden für die Völkergemeinschaft, final. – Ebenso verdankt das Fernsehen sein Entstehen der Technik, kausal; aber die tägliche Abendschau wirkt wie ein steter Tropfen und formt allmählich ein Bewußtsein von der einen Menschheit, final. Das bereitet auf die Wiederkunft vor, denn dann kommt Christus nicht wieder zu einem Volke, sondern zur ganzen Menschheit. Wer sich einübt, final in die Welt zu schauen, der sieht und hört im Kummerhaus der Welt Tendenzen und Töne der Zukunft.

Er entdeckt eine geheime unterirdische Drift im Wellengang der Weltgeschichte. Das kausale Fragen wird aufgelockert durch finales Entdecken und das Glaubensbewußtsein strukturiert sich langsam um. Allerdings unter einer Bedingung: Das Netz aller Glaubenslehren muß wie ein Fischernetz an einem festen Nagel aufgehängt werden. Dieser Nagel oder dieser Fixpunkt ist das Ernstnehmen der Botschaft von der Wiederkunft.

3. Es wäre ein schlechtes Umgehen mit der Zukunft, wenn sie von der Gegenwart abziehen würde. Eine Schulklasse ist nach dem Examen in den Wochen bis zum Schuljahresende gar nicht mehr ganz da, sie ist abgesogen von der Vorbereitung auf die Schlußfeier. Die Gegenwart ist entleert. – Aber die Ankündigung eines willkommenen Besuches erhöht die Aufmerksamkeit für die Gegenwart, denn für die Ankunft muß alles bereitet werden. Zukunft wirkt herein in die Gegenwart, erweckend und kräftigend. Erwartung ist also keine Konkurrenz zum christlichen Weltamt, sondern ein Motiv dafür, weil man „die Kräfte der zukünftigen Welt kennengelernt" hat (Hebr 6, 5).

Wer wie besessen ist von der alles entscheidenden Tatsache der Wiederkunft, wendet sich den Aufgaben der Gegenwart zu – er will „bereiten die Wege des Herrn". Sein Blick ist verändert, er sieht alles nicht nur kausal,

Der Zukunftsbezug im Glaubensbewußtsein (Hebr 6,5)

Vergangenheit → Gegenwart ← Zukunft

Vergangenheit ↓			Zukunft ↓
Erbe Reichtum Tradition Last	Ursache kausal	innere Tendenz final	Ziel Wiederkunft Reich Gottes

Die geheime unterirdische Drift im Weltgeschehen.

kausales Fragen < finales Denken
erweckend
kräftigend

„Der Nagel für das Fischernetz" –
der Fixpunkt für das Netz der Glaubenslehren.

sondern auch final. Der Glaube wird durch den Zukunftsbezug lebendiger. Wo dieser Motor durch die Verdrängung der Botschaft von der Wiederkunft fehlt, versinkt das Glaubensbewußtsein in konturlose, fromme Alltäglichkeit.

35

Der leere Thron

1 Korinther 15,24

1. Das Deckengemälde der berühmten Wieskirche in Oberbayern schildert wie eine Programmschrift das Ziel der Heilsgeschichte. Ein Engel macht sich bereit, das große Tor zur Ewigkeit zu öffnen. Der Vertreter der Zeit, der griechische Gott Chronos, ist zu Boden gestürzt, das Stundenglas ist ihm entfallen. Über dem Tor steht: „Es wird keine Zeit mehr sein", die Zwischenzeit geht zu Ende.
In der Mitte des Gemäldes erscheint Christus auf dem Regenbogen – dem alttestamentlichen Bild der Treue Gottes zur Schöpfung[60]. Über dem Altar aber steht der leere Thron – das Bild der gegenwärtigen Situation in der Zwischenzeit. Die Christenheit wartet auf seine Wiederkunft.

2. Gewiß handelt es sich nicht um das Möbelstück Sessel, wie man heute entwertend empfindet, sondern Thron ist Symbol für die Weltherrschaft, die Christus endgültig übernehmen wird, wenn sich die Völker (1 Kor 15,24) einschließlich der Juden (Röm 11,26) ihm ergeben haben: Die Herrschaft im Weltreich der Wahrheit, der Gerechtigkeit, der Liebe und des Friedens (Präfation vom Christkönigstag).

3. Noch fließt der Strom der Zeit an uns vorbei. Was wir tun können ist, gute Taten wie „Bauholz" in diesen Strom zu werfen, das der Strom mitnimmt zum großen

Umbau der Welt bei der Wiederkunft, „denn ihre Werke begleiten sie" (Apk 14, 13). Das christliche Weltamt bekommt von daher seinen vollen Sinn. Es ist Arbeit für die Zukunft und hat die Aufgabe, „Bauholz" für die Zukunft der Welt zu schaffen. Keine Enttäuschung in der Zwischenzeit kann diesen Sinn nehmen, auch nicht die Erfahrung, daß alles christliche Tun nur Bruchstück bleibt. So wird uns trotz der kommenden apokalyptischen Ereignisse die Welt nicht vergrämt. Im Gegenteil, sie verlockt zu immer neuen Ansätzen. Vorübergehende Zwischenziele können zeitweise bewegen, aber auf die Dauer ist nur das Endziel tragfähig für das christliche Weltamt – die Wiederkunft.

4. Heute ist der Thron noch leer, die Welt entbehrt ihres Herrn. Sicher ist, daß er wiederkommt. Bis dahin ist Christus abwesend – personal, auch wenn er im Heiligen Geist nahe ist – pneumatisch. Beide Erlebnisweisen der Christusbeziehung sind legitim und wechseln sich wohl auch ab.

Gegen das Ende der Zeiten hin mag seine Abwesenheit drängender empfunden werden und der Sehnsuchtsruf der ersten Christen wird wieder aktuell: Maranatha – Komm, Herr Jesus. Ein Kindervers könnte noch tiefer ins Gemüt dringen:

Seid wachsam und habet Mut,
Jesus kommt wieder,
und alles wird gut.

H. H.

Der leere Thron (1 Kor 15,24)

Die Weltherrschaft Jesu —	Reich der Wahrheit, der Gerechtigkeit, der Liebe, des Friedens ――― Reich Gottes
Der Strom der Zeit —	„Bauholz" – der Sinn des christlichen Weltamtes
Der Thron ist leer —	Die Welt entbehrt ihres Herrn. Der abwesende Christus – Maran- atha

Seid wachsam und habet Mut.
Jesus kommt wieder,
und alles wird gut.

Anmerkungen

[1] Im Hintergrund steht eine Auffassung der menschlichen Natur, die von der Dualität von Geist und Materie, von Seele und Leib ausgeht. Daß ihre Dualität nicht Dualismus bedeuten muß, sondern ihre Beziehung synthetisch durch „Assimilation" und „Inkarnation" gelebt wird, wird übersehen, wenn nicht zwischen Dualität und Dualismus unterschieden wird. Heutige Psychologie läßt Leib und Seele nur als zwei verschiedene Äußerungen der Einheit des Menschen gelten und in ihrem Gefolge wird modisch in der Theologie nicht mehr von Leib und Seele geredet, sondern nur von der Einheit Mensch, mit der vermeintlichen Konsequenz, daß die Seele ohne Leib nicht lebensfähig sei. Psychologie aber stellt nur fest, daß Assimilation und Inkarnation so innig seien, daß seelisch nichts geschehen könne, was nicht auch im Leib eine entsprechende Reaktion hervorrufe, und umgekehrt. Insofern stellt Psychologie die Einheit Mensch fest. Aber sie ist nicht zuständig für metaphysische Psychologie. – Inzwischen sprechen ein moderner Philosoph zusammen mit einem Naturwissenschaftler mit begründeten Argumenten wieder von der Dualität Geist und Materie, Leib und Seele: Karl R. Popper – John Eccles, Das Ich und sein Gehirn. München 1982.

[2] Tertullian formuliert das in klassischem Latein: Caro cardo salutis. Das Fleisch ist Türangel des Heiles – auf Verleiblichung hin ist alles ausgerichtet. – Das entspricht auch dem alttestamentlichen Denken, das immer gegen Spiritualisierung ankämpfte.

[3] Siehe Heinz Schürmann, Jesu ureigener Tod. Freiburg [2]1976, 61, 85f.

[4] Siehe dazu Karl Rahner, Friedliche Erwägungen über das Pfarrprinzip, in: Schriften zur Theologie II. Einsiedeln 1962, 299–338.

[5] Vgl. dazu Josef Goldbrunner, Kleine Lebenslehre der Person. Regensburg 1980, 57–65.

[6] Vgl. Kapitel 3 oben.

[7] In der Dogmatik spricht man von einem Axiom, einem Leitsatz: „Die Gnade setzt die Natur voraus, zerstört sie nicht, sondern er-

höht sie." In der Erfahrung aber wird ein Widerstreben gegen diesen Bekehrungsprozeß erlebt. In paulinischer Sprache heißt das: das Fleisch (= die Natur) wehrt sich gegen den Geist (= das Evangelium, Gal 5, 17).

[8] Siehe Bibelkurs II, 66–68.

[9] Oskar Köhler, Kleine Glaubensgeschichte. Freiburg 1982, 193.

[10] A.a.O. 412.

[11] Rose Ausländer, Im Atemhaus wohnen. Frankfurt 1981, 9.

[12] Bibelkurs II, 32.

[13] Ebd. 55.

[14] Erklärung über die Religionsfreiheit, I 2: „Das Vatikanische Konzil erklärt, daß die menschliche Person das Recht auf religiöse Freiheit hat."

[15] Als Ausnahme und Versuch ist auf die Reduktionen und den Jesuitenstaat zum Schutze der Indianer in Südamerika hinzuweisen (16. Jahrhundert, endgültiges Ende 1848).

[16] Siehe Bibelkurs II 53f.

[17] LThK VII 619f.

[18] Oskar Köhler, Kleine Glaubensgeschichte, 237.

[19] Vgl. oben Kapitel 3.

[20] Rudolf Schnackenburg, Gottes Herrschaft und Reich. Freiburg 1959, 236. – In den Reden Jesu kommt 90 mal der Begriff Reich Gottes vor.

[21] Vgl. Joseph Ratzinger, Eschatologie. Regensburg 1977, 34f.

[22] Im alten Tridentiner Meßbuch heißt es im Schlußgebet am 2. Adventssonntag: „... terrena despicere et amare caelestia." Jahrhunderte wurde dieser Text den Christen zugemutet. Im neuen Meßbuch heißt jetzt das Schlußgebet am gleichen Tag: „... das Unvergängliche mehr zu lieben als das Vergängliche".

[23] Vgl. Gustave Thils, Theologie der irdischen Wirklichkeiten. Salzburg o.J., 135: „Die Gesellschaft des Mittelalters war zum Heil der Seelen und zur Erwerbung des Himmels organisiert."

[24] A.a.O. 122.

[25] Im Original, nicht im verharmlosenden Nachbild.

[26] Gertrud von le Fort, Hymnen an die Kirche. München 1934, 23.

[27] Auf diese Zusammenhänge hat vor allem die Tiefenpsychologie von C. G. Jung hingewiesen.

[28] „Bloß menschliche Religiosität ohne Gott – oder Religiosität aus dem Glauben", formulierte Jean Daniélou auf einer Tagung in Genf 1973 über „Notwendigkeit und Bedürfnis der Menschen nach Religion". In: Zürcher Zeitung 22. 9. 72, S. 37.

[29] G. E. Lessing, Nathan der Weise.

[30] Vgl. oben Kapitel 2, Anmerkung 1.

[31] Rose Ausländer, Im Atemhaus wohnen. Frankfurt 1981, 129.

[32] Helmut Zöpfl, Bayrisch durchs Jahr. Rosenheim o. J., 114.

[33] Josef Goldbrunner, Kleine Lebenslehre der Person. Regensburg 1980.

[34] Vgl. dazu Kardinal Newman, Der Traum des Gerontius. Aschaffenburg ^{2}1960.

[35] Die alte, wieder reaktivierte theologische Meinung, daß in diesem Augenblick die letzte Entscheidung für oder gegen Christus erfolgen kann – wobei das irdische Leben hilft oder hindert – ist nicht zu beweisen. Aber sie fügt sich in die christliche Konzeption ein und vermittelt seelsorgerlich überraschende Chancen. – Siehe Ladislaus Boros, Mysterium mortis. Olten 1971.

[36] Wie sich das Leben jenseits der Raum- und Zeitmauer (in „totaler Präsenz“ nach Karl Rahner) sich zu dem ebenso realen Ablauf der irdischen Heilsgeschichte verhält, ist nicht ausdenkbar. Festzuhalten ist, daß beide Lebensweisen – zeitlos *und in* der Zeit – real sind, ihre Zusammengehörigkeit jedoch eine offene Frage darstellt. Keineswegs aber dürfen sie gegeneinander ausgespielt werden. Dies gilt sowohl für Tod und Erhöhung Christi (die 40 Tage!), wie für unser Gebet für die Verstorbenen.

[37] Vital Kopp, Aphorismen, Luzern 1972, 34.

[38] Kurt Heynicke, Das lyrische Werk. Worms 1969, 15.

[39] Mircea Eliade, Schamanismus und archaische Ekstasetechniken. Zürich 1957.

[40] Die Schriftstelle Kol 1,24: „... ergänze ich in meinem irdischen Leben das, was an den Leiden Christi noch fehlt‘ ist heute noch [strittig.

[41] Siehe Bibelkurs I 90.

[42] Kurt Heynicke ebd. 86.

[43] Siehe dazu: John Henry Newman, Der Antichrist. München 1951; Josef Pieper, Über das Ende der Welt. München ^{3}1980; Philipp Dessauer, Die Politik des Antichrist, in: Wort und Wahrheit 6 (1951) 405–415; Reinhard Raffalt, Der Antichrist, in: Gehört–gelesen. München 1966, 1–24. C. S. Lewis, Dienstanweisung an einen Unterteufel, Freiburg 1958.

[44] Josef Pieper, Über das Ende der Zeit, 173.

[45] Joseph Ratzinger, Eschatologie. Regensburg 1977, 148.

[46] Ebd. – Die Seele ist also nicht ein Körperteil; mit viel mehr Berechtigung könnte man sagen, der Körper sei ein Seelenteil. – Vgl. Ulrich Mann, Theogonische Tage, Stuttgart 1970, 609: „Materie ist nichts anderes als ein Aspekt der Psyche“.

47 Es ist wichtig, klar festzustellen, daß hier eine theologische Position eingenommen wird, die sich dem gegenwärtigen Trend entgegenstellt. Dessen Exegese wird zum Hemmschuh für theologisches Weiterdenken. Zur Stärkung dieser Position darf Joseph Ratzinger zitiert werden: Das Neue Testament bietet „einen Anfang, aber keinen Abschluß für das Denken ... Diese Fragen, die wir stellen, sind Fragen unseres Denkens. Die Antwort muß vor der Bibel bestehen können, aber sie darf nicht der Exegese in die Schuhe geschoben werden" (Eschatologie 142), d. h. diese ist nicht zuständig, die Antwort darf nicht von ihr erwartet werden. –

48 Siehe Bibelkurs I 90–92.

49 Der Verleger Jakob Hegner. Zitiert in Josef Pieper, Noch wußte es niemand. München ^{2}1976, 129.

50 C. S. Lewis, Die große Scheidung, Köln 1955, 114.

51 Siehe Gustave Thils, Theologie der irdischen Wirklichkeiten. Salzburg o. J., bes. 329–338.

52 Vgl. Bernhard Philbert, Christliche Prophetie und Nuklearenergie. Wuppertal ^{9}1972.

53 Kurt Heynicke, Das lyrische Werk. Worms 1969, 29.

54 Albert Geiger, Bilder der letzten Wirklichkeit. Stuttgart ^{6}1974, 20. Siehe dort auch das Schema der Apokalypse.

55 Beeindruckend ist hier ein Zitat von dem Nichtchristen Ernst Bloch: „Die Auferstehung Christi von den Toten ist in der Religionsgeschichte analogielos, aber die apokalyptische Weltverwandlung zu einem noch völlig unvorhandenen, findet außerhalb der Bibel nicht einmal eine Andeutung."

56 Zum Ganzen siehe Josef Goldbrunner, Unterwegs – Wohin? Regensburg 1979, 24–30.

57 Vgl. 1 Kor 23, 12: „Wie auch ich erkannt bin."

58 C. S. Lewis, Die große Scheidung. Köln 1955, 114.

59 Zweiter Canon des neuen Missale.

60 Bibelkurs I 30.